타로카드 바이블

2012년 7월 23일 초판 1쇄
2019년 3월 4일 6쇄

지은이 Red
펴낸곳 하다
펴낸이 전미정
디자인 남지현
교정 변인자(레이나), 김소현(능소화)
출판등록 2011년 5월 17일 제300-2011-91호
주소 서울 중구 퇴계로 182 가락회관 6층
전화 070-7090-1177
팩스 02-2275-5327
이메일 go5326@naver.com
홈페이지 www.npplus.co.kr
ISBN 978-89-97170-06-7 13100
정가 19,000원
ⓒRed, 2012

 교보문고 강남점 저자강연 동영상

www.npplus.co.kr
타로카드 바이블 책소개에서 저자강연을 동영상으로 보실 수 있습니다.

MASTER **R**ED'S RIDER WAITE TAROT CARD BIBLE

목차

이 책은 타로카드에 대한 연구를 위해 쓴 것이 아닙니다.

이 책은 타로카드를 사용하고 싶은 사람이라면 누구나 지금 당장 읽고,

바로 연습하고, 타로카드를 리딩Reading 할 수 있도록 하기 위해서,

그동안 필자가 경험하고 정리하며 얻어왔던 모든 내용들을

여러분이 사용할 수 있도록 담아 보았습니다.

본문의 구성은 아주 초보자를 위한 과정으로 되어있습니다.

그러므로 이미 사용한 경력이 오래 되시는 숙련자 분들은 베이직 키워드,

그리고 상황별 해석집을 중점으로 사용하시면 됩니다.

요즘 거리에 나서면 많은 '점술문화'를 만나 볼 수 있습니다. 구청 허가번호가 찍힌 종로통의 천막에서부터 번화가에 있는 소규모 노점부스까지, 또 백화점이나 영화관의 단기 이벤트, 그리고 각종 역학과 타로가 섞인 '모든 문제 상담' 형식의 점집에서 카페까지 정말 다양한 형식으로 우리의 주변에 근접해 있습니다. 그리고 우리는 스스로 우리 자신의 내면을 관찰 할 수 있는 '소중한 도구'를 경쟁과 작은 이익을 위해 장난감 또는 밥벌이의 도구로 전락시키고 있습니다.

타로카드의 상담시장은 각 카페와 커피숍, 그리고 거리에서 고전을 면치 못하고 있습니다. 상담료의 시세가 '질문 한 번에 2,000원'이라는 가격으로 책정된 곳도 있고 비싸다고 해도 5,000원을 넘지 못하는 경우와 무조건 첫 질문은 '무료'에 그 다음부터 돈을 '질문 당 얼마'라는 식으로 가격이 형성되어 있는 것을 보았습니다.

그리고 그 수익의 일부30~50%는 그 장소의 주인이 가져가고 나머지를 수입으로 하는 일도 많습니다. 저는 가끔 이런 생각을 합니다. "남의 나라 문화가 한국에 와서 참 많이도 고생한다." 외국이라고 형편이 더 좋다는 것은 아닙니다.

사실 한국에서 타로카드의 문화는 전문가들의 보호를 받고 자란 문화가 아닌 취미생활의 일환이 수입원으로 변화되면서 너도나도 뛰어드는 호기심과 소문으로 자라난 문화이기 때문입니다. 차라리 역학계통의 상담처럼 엇비슷한 가격정책3, 5, 7, 9만원단위 또는 굿 500만원이상 등이 있었던 것도 아니어서 적절한 가격정책이 만들어 지지 않은 상태와 유행하면 우르르 번지는 한국인 특유의 과도한 '냄비문화'가 만들어낸 경쟁구도의 참상이라는 생각이 듭니다.

하지만 그것보다도 더 큰 문제가 있습니다. 바로 상담을 받고자

하는 사람들의 문제가 가장 큰 문제입니다. 바로 상담을 원하는 대중의 '상담을 위한 기본지식'이 전무하다는 것입니다. 저 역시 가장 많은 질문을 들었던 것을 토대로 한다면,

㉮ 그냥 봐 주세요.
㉯ 연애 문제 좀 봐주세요.
㉰ 돈 언제 많이 버나 봐주세요.
㉱ 회사 다니기 싫은데 사업 할 수 있나 봐주세요.

이런 질문들이 많습니다. 이런 질문들은 타로카드로 볼 수도 없고, 결과가 나왔더라도 그 결과가 현실화되기 어렵습니다. 게다가 일부 전문상담능력이 부족한 분들이 이런 질문에 대답하기 시작하면서 '타로카드는 점이 맞으면 신기한' 엉뚱한 상담도구가 되고만 것입니다. 이후 그런 점술수준에 대한 댓가인 질문 당 1,000원까지 내려가는 '재미용 상담도구'로 평가절하 되어 버렸다고 필자는 판단하고 있습니다.

만약, 질문자 자신이 알고자 하는 것이 구체적이고 그 고민에 대해 심각하게 인지하고 있다면, 그리고 상담가 스스로 그만한 상담화술의 소양을 가지고 있다면, 타로카드 상담은 질문 당 '천원'이라는 값어치를 부여 할 수는 없는 것이기 때문입니다. 게다가 그런 악화된 저 수입을 올리다보면 당연히 부적이나 기도 등, 엉뚱한 부가적인 수익을 올리기 위해 거짓말을 하게 되는 경우가 많게 됩니다.

그렇다면 이러한 악조건을 정리하고 고쳐나가는 방법은 무엇이 있을까요?

바로 타로카드를 바르게 사용하는 것부터입니다.

타로카드는 벌써 우리에게 너무도 가까이 있는 하나의 사회문화

가 되어 있습니다.

타로카드를 바로 알고자 하는 것은 타로카드강좌를 해서도 아니고, 타로카드를 판매해서 유행시키는 것도 아닌, 타로카드에 대한 바른 정보와 상담을 위한 질문을 정리하는 법, 상담가로써 지켜야 할 매너 등을 많은 타로카드를 사용하는 이들과 정보교류를 통해 나누어야 한다는 것입니다.

그로써 타로카드가 가지는 그 특수한 기능을 하나의 즐거운 상담 문화로써 모두 함께 즐기게 될 수 있을 것입니다.

2012년 7월 Red

독학을 시작해 보세요.
당신은 충분히 혼자서 해낼 수 있습니다.

1 타로카드의 기본 구성

타로카드란 점을 보는 도구이자 자신의 현재 생각이나 여러 가지 문제를 투영시켜 보는 거울입니다.

이 타로카드를 오래 다루다 보면 처음엔 타로카드로 점을 맞히는 것에 신기해하게 되고, 또 그 수준을 넘어서면 점을 맞히는 단계를 벗어나 사건이 일어나게 된 배경과 앞으로 일어나게 될 결과를 스스로 추론하게 되는 것에 놀라워하게 됩니다.

그리고 그 시기를 넘어서서 한 사람의 마음을 움직이고 설득하며, 미래에 대한 올바른 선택을 하도록 조언을 하는 '마음을 움직이게 하는 힘'을 발견했을 때, 단순히 '점을 보는 도구'로써의 타로카드가 아닌 '커뮤니케이션의 도구'로써의 의미를 깨닫게 될 것입니다.

우리가 타로카드를 사용하기 위해서는 꼭 알아야 할 지식이 있습니다.

바로 타로카드가 어떻게 구성되어 있으며, 어떻게 사용해야 하는지에 대한 지식입니다. 타로카드의 역사 같은 내용들은 인터넷을 검색하시면 많이 찾으실 수 있고, 또 타로카드를 구입하시면 그 해설집에 포함되어 있으므로 이 책에서는 언급하지 않습니다. 이 책에서는 초보자들에게 필요한 부분만 다루어 보겠습니다.

먼저 타로카드를 부를 때는 '덱DECK'이라는 용어를 사용합니다.

'타로카드'는 전체적인 명칭이고, 타로카드들 중에서 각 디자인이나 구성에 따라 타로카드 뒤에 '묶음'이라는 뜻의 '덱DECK'을 붙여 라이더웨이트 덱, 뱀파이어 덱 등으로 부르는 것입니다.

타로카드의 일반적인 구성은 메이저 아르카나MAJOR ARCANA 22장과 마이너 아르카나MINOR ARCANA 56장으로, 78장이 한 세트로 구성되어 있습니다.

또 그 외에 작은 수의 구성이라든지 메이저, 마이너의 구분이 없는 오라클 덱ORACLE DECK도 있습니다. 타로카드를 처음 배우실 때는 라이더웨이트 덱으로 공부를 시작하시고 일 년 정도 사용하신 후에 자신이 좋아하는 디자인이 있는 덱이나 자신이 강렬한 느낌을 받을 수 있는 덱을 사용하시면 됩니다.

웨이트 계열의 타로카드는 메이저 카드의 구성이 더 풀THE FOOL에서 월드WORLD까지 인물과 상황으로 표현된 그림, 그리고 하단의 단어들로 직설적인 표현의 키워드를 가지고 있습니다. 또 마이너카드는 각각 14장씩 각 속성에 따라 4종류의 구분으로 나누어져 있습니다. 동양에서는 '목화토금수木火土金水'라는 '오행五行'으로 나누어 성향을 구분하지만, 서양에서는 '지수화풍地水火風'이라는 4가지의 원소로 각각의 성향을 구분해 분류합니다.

지地는 흙이며 수水는 물, 화火는 불, 그리고 풍風은 바람이라는 뜻입니다.

이 지수화풍은 마이너 아르카나에서 상징적인 그림으로 표현되어 있는데 지는 펜타클PENTACLES, 수는 컵CUPS, 화는 완드WANDS, 풍은 칼SWORDS로 표현되어 있습니다. 이 4가지의 속성은 각각의 카드에 이런 속성의 키워드를 부여합니다.

첫 번째, 펜타클은 금전적인 의미, 그리고 가족이나 친구 등의 인맥, 건강이나 재능을 표현합니다.

두 번째, 컵은 감정을 대표하는 카드로 컵 안에 물이 담기듯 감정이 넘쳐 기쁘거나 컵의 물이 쏟아지듯이 감정이 소실되어 깊은 슬픔에 빠지는 것들을 나타냅니다. 바로 사람들이 느끼는 희로애락과 커뮤니케이션, 그리고 정신적인 영향이 이 속성의 카드 그림에 담기게 됩니다.

세 번째, 완드는 일과 도전 그리고 용기를 나타내는데, 이것은 행동력에 대한 표현으로 그림에 나타납니다. 바로 사람들이 많이 묻는 일 문제, 회사 문제, 취직, 시험 등의 질문에 적절히 나타나는 카드이기도 합니다.

네 번째, 칼은 승리와 패배, 성공과 실패, 권력의 쟁취와 빼앗김 등 극단적인 표현과 여러 문제들을 해결해 나가는 과정과 상황에 대해 표현하는 카드입니다. 주로 대인관계에서 질문과 선택, 그리고 명예의 성취와 추락, 협력과 배신의 상황에서 많이 나오는 카드입니다.

이 네 가지의 성향을 기본으로, 각 카드에 담긴 숫자와 그림의 내용_{상황묘사}에 따라 여러 가지 키워드가 발생하며 그 키워드들은 타로리더들마다 조금씩 차이를 가지는 고유의 키워드가 됩니다. 그러므로 타로카드를 시작하시는 분들은 처음에는 다른 타로리더들로부터 키워드를 전해 받거나 배우겠지만, 결국 오랜 시간이 지나 스스로 어느 정도의 경험을 쌓게 된다면 자신만의 키워드를 만들어 사용하게 될 것입니다.

타로카드는 그 타로카드 자체에 어떤 능력이 부여된 것이 아닙니다. 단지 점술용으로 사용되기 위한 그림의 배치가 있는 카드일 뿐입니다.

2 자신에게 맞는 타로카드 고르기

우리가 타로카드를 시작할 때 열심히 해보겠다는 의지로 아름다운 디자인, 또는 특이한 디자인의 타로카드를 구입하기 위해 매장 또는 인터넷을 찾아보게 됩니다. 하지만 그림이 마음에 든다고 해서 모든 타로가 자신에게 잘 맞는 것은 아닙니다. 그럼 어떤 타로카드가 자신에게 잘 맞을까요? 다음과 같이 자신에게 맞는 타로카드를 골라보세요

사용목적에 맞는 타로카드 고르기

타로카드를 인터넷으로 구매하시려고 보면 참 많은 덱들이 있어서 당황스럽기까지 합니다. 무엇을 기준으로 골라야 자신에게 맞는 타로카드를 고를 수 있을까요?

첫 번째, 훈련의 단계에서는 가장 표준적인 구성을 고릅니다.

메이저 아르카나 22장에 마이너 아르카나 56장으로 구성되어 있으면 됩니다. 그리고 그림의 구성 중 소오드, 컵, 완드, 펜타클이 알아보기 쉽게 그려진 카드를 고르셔야 합니다. 훈련의 단계에서 너무 복잡한 디자인을 고르거나 마이너카드에 상황이 묘사되어 있는 그림이 없다면 그 카드를 빨리 익히기가 힘들어집니다. 그래서 아주 평범하게 잘 보이고 금방 상황적인 묘사를 느낄 수 있는 카드를 고르는 것이 독학하기에 좋은 타로카드입니다.

두 번째, 훈련과정이 끝났거나 금방 숙달이 되어서 새로운 카드를 원할 때는 자신이 그림에 쉽게 적응할 수 있는 덱을 골라야 합니다.

타로카드는 순간에 일어나는 '직관'을 사용하는 도구입니다.

그 말의 뜻은 자신의 직관이 발생하는 그 짧은 시간에 의미를 받아들일 수 있는 그림이어야 한다는 것입니다. 예를 들어 고양이에 익숙한 사람은 고양이의 울음소리에 따라 배가 고픈지 어디가 아픈지를 구분할 수 있지만 고양이에만 익숙한 그 사람이 강아지를

대할 때는 강아지가 낑낑거리는 소리를 듣고 배가 고픈지 어디가 아픈지를 알아내기 어려운 것과 같은 것입니다. 자신에게 익숙한 것이나 자신이 좋아하는 것들로 디자인된 타로카드를 구한다면 그 타로카드의 그림에 익숙해지고 직관이 발생했다 사라지는 그 짧은 순간에 그 카드가 표현하는 의미를 쉽게 읽어낼 수 있게 되는 것입니다. 그렇게 카드가 표현하는 그림의 의미를 빠르고 쉽게 읽어낼 수 있는 덱이 바로 자신에게 맞는 덱이 될 것입니다.

세 번째, 자신 혼자만 사용 하는 경우, 사용목적이 타인과 연결되어 있지 않기에 자신의 기호에 맞는 타로카드를 구입하시면 됩니다. 다만 이런 목적에는 오라클 계열의 타로카드와 키워드의 내용이 마음을 다스리는 용도에 적합한 타로카드를 고르시는 것이 좋습니다. 비전퀘스트, 오쇼젠 등 이 종류들은 사건의 앞일을 내다보는 것보다 어떤 사건에 의해 자신의 내면이 어떤 변화를 일으키는지 무엇을 배워야 하는지를 알려주는 타로카드들입니다. 오라클 계열의 타로카드는 그림을 볼 때 마음이 편안하고 거부감이 없는, 또 화려하다고 인지되지 않는 그림을 선택하는 것이 좋습니다. 그림이 화려하면 그림에 홀리고 내용이 복잡하고 너무 추상적이면 자신의 내면을 보기는커녕 오히려 카드의 의미 때문에 새로운 고민이 생기기 때문입니다.

네 번째, 남들과 커뮤니케이션을 위해 사용하는 경우에는 먼저 이런 상황을 생각해 봐야 합니다. 자신이 상담을 하러 갔는데 알 수 없는 그림만 내어놓고 말을 지어내는 분위기의 타로카드리더와 당신도 알아볼 정도로 쉬운 그림과 표정들이 담긴 타로카드로 당신도 그림을 보며 이해할 수 있게 설명해주는 타로카드리더, 당신은 누구를 다시 찾아갈까요?

그러니 이 경우 타로카드 한 장, 한 장이 누구나 봐도 이해하기 쉬운 타로카드를 구입해야 하는 것입니다.

특히, 타로상담을 직업으로 하고 싶다면 두 종류의 카드를 지니고 다니는 것이 좋습니다.

하나는 사건이 현실에 나타나는 영향을 보는 타로와 또 하나는 사건의 내면을 들여다보는 타로, 이렇게 두 종류로 진지하게 상담하면 좋습니다. 다만 타로 두 가지를 동시에 스프레드하는 것은 권하지 않습니다.

현실의 영향을 나타내는 타로카드는 서로 알아보기 쉬운 그림이어야 하고, 내면의 영향을 나타내는 타로는 오라클처럼 상담자 자신이 들여다보기 편한 타로카드를 고르면 됩니다.

이처럼 타로카드를 고를 때는 그 사용목적에 맞도록 구입해야 합니다.

필자 역시 특이하거나 그림이 마음에 드는 타로카드가 있다면 해외건 국내건 무조건 구입하지만 사용은 하지 않고 수집과 관상용으로 모아둡니다. 상담을 위해 사용하는 타로카드는 오로지 '비전 퀘스트Vision quest'와 '라이더 웨이트Rider waite' 이렇게 두 가지만 사용하고 있습니다.

3 타로카드로 점을 보기 위한 준비

장소의 준비

타로카드로 점을 보기 위해서 항상 다음과 같은 순서를 반복해서 훈련을 해야 합니다.

처음엔 귀찮기도 하고 불편하기도 하겠지만 이런 절제를 통해서 점을 볼 때의 모습과 일상생활을 할 때의 모습을 분리하고 조절할 수 있게 됩니다. 제일 먼저 장소에 대한 구분입니다. 나중에는 장소에서 받는 영향이 적어지겠지만 초심자분들은 자신이 점을 보는 장소에 대해 주의를 기울여야 합니다.

첫 번째, 주변이 산만하지 않을 것, 청소가 되어 있어야 된다는 얘기입니다.

두 번째, 조용한 장소에서 할 것, 주변이 시끄럽거나 사람이 북적거리는 곳은 안 됩니다.

세 번째, 자신이 좋아하는 소품들이 주변에 있어서 마음이 편안해지는 곳이 좋습니다.

초심자 단계에서 주변이 산만한 곳이나 사람들이 모여 시끄러운 곳들에서 하게 되면, 그 산만함이 습관이 되어 나중에 점술의 정확도가 떨어지게 됩니다. 그 다음은 적당한 책상 앞에서 구입해 둔 타로카드와 스프레드 천을 준비합니다. 그리고 평소 좋아하는 음악, 그러니까 댄스음악이 아닌 마음이 차분해지는 음악을 작게 틀어둡니다. 만약 점을 보는 도중에 음악이 거슬린다면 꺼져도 좋습니다. 그리고 밝은 조명보다는 양초를 사용하시면 좋습니다.

그 다음 질문을 정하고 셔플을 하고 스프레드를 펼치고 점을 보면 되는 것입니다.

질문의 준비

"카드 한 장을 보고 어떻게 그런 해석을 할 수 있죠?"

제가 가장 많이 듣는 질문입니다. 특히, 타로카드를 공부한 지 1년차부터 약 5년차 사이에 생기는 가장 큰 장벽이 바로 '카드 한 장에 따른 해석의 다양성' 입니다. 어떤 분들은 '직관을 따라라', '마음의 소리에 귀를 기울여라' 등 다양한 방법을 제시합니다만 물론 이 방법들도 상당히 중요한 방법들입니다 그런 방법들이 타로카드를 처음 공부하는 사람들에게는 뜬구름 잡는 소리와 같습니다. 지금부터 딱 한 가지만 주의하시면 스스로 저 '다양성의 장벽'을 넘게 됩니다.

"질문자의 질문과 말에 귀를 기울여라"

질문자의 질문 속에는 '과거·현재·미래' 정보가 모두 담겨 있습니다.

그것을 무시한 체 타로카드의 키워드에 끼워 맞춘 대답을 하려고 하기에 문제가 생기는 것입니다.

"제가… 어떤 남자를 좋아합니다. 그런데 이 남자의 속마음을 모르겠어요……."

바로 위의 상태에서 타로카드로 점을 보는 것이 아니라 리더는 바로 상황파악을 위한 질문을 더 해야 합니다.

"사귀자는 이야기는 해보셨나요?"

"지금 현재 두 분은 어떤 관계인가요?"

이 질문을 통해 사건의 과거와 현재에 해당하는 정보를 받아들이고 선택한 카드에서 나오는 상황과 키워드를 통해 유추합니다. 예를 들면,

과거정보: 사귀자는 말에 대해 남자가 긍정적이긴 하지만 연애에 성실한 태도를 보이지 않아 여자가 남자의 진심을 의심하는 상황

이며 일주일에 두세 번 이상 만나는 상황.

이 상황에서 The Chariot이 나왔다면 카드가 가진 키워드 중에 '준비된 출발'이라는 키워드와 긍정적이지만 행동으로 옮기지 못하는 현실적인 태도를 조합하여 '준비된 출발을 위해 지금은 소극적으로 보일 수 있다'라고 유추하고 "그 사람은 새 출발을 위한 준비를 하고 있습니다. 그 때문에 당신에게 소홀해 보이는 것입니다"라고 대답할 수 있습니다.

저 카드는 출발, 장거리여행, 준비된 출발 '직전'의 카드입니다. 과거정보에서 아직 남자가 '소극적이다'라는 것은 이 남자가 아직 자신이 만족할 만큼의 준비가 되지 않았다는 것입니다. 이와 같은 해석의 다양성을 갖추기 위해 필요한 것은 '찍기'와 '신끼' 정신이 아닌 과거정보의 이해, 그러니까 바로 '질문자의 질문을 바로 듣고 이해하는 것'부터가 가장 중요한 것입니다.

이와 같이 Two of Cups라면 이렇게 대답을 할 것입니다. "두 사람이 많은 대화를 통해 마음을 맞추어야 남자 쪽에서 안심하고 당신에게 전념할 것입니다."

Four of pentacles라면 "이 사람은 지금 당신을 재보고 있습니다. 당신을 만나는 것이 자신에게 이익인지 손해인지 판단하는 중입니다."

Ace of swords라면 "이 사람은 마음에 두고 있는 다른 사람에 대해 결단을 내려야만 당신에게 전념하게 될 것입니다."

Three of wands라면 "이 사람은 지금 과거의 연인을 잊지 못하기에 당신에게도 집중하지 못하고 당신에게 배신당할 것을 두려워하고 있습니다."

이렇게 과거정보와 타로카드에서 제시하는 긍정과 부정의 키워드를 잘 파악하여 대답하면, 타로카드 한 장에서도 상황에 따라 아주 많은 데이터가 나오게 됩니다.

질문을 정리하다.

타로카드의 그림이 아니어도 화투장이나 포커용 트럼프로도 점을
볼 수 있다는 것을 아시나요? 제 경우에는 단기출장으로 외국에
나가게 되었을 때 타로카드를 가지고 있지 않다면, 현지에서 급한
대로 화투나 트럼프를 구입해서 사용할 때도 많습니다. 그래도 사
람들의 평가는 '무섭게 맞는다'입니다. 왜 그럴까요? 바로 '질문하
는 방법'의 차이입니다. 한 사람이 찾아와 이렇게 질문합니다.

"저 언제쯤 연애를 할 수 있을까요?"

위의 질문으로 대답을 하기 위해 타로카드를 뽑는다면 당신은 맞
힐 수 있는 확률이 30%를 밑도는 '아마추어'입니다. 그럼 타로리
더로서는 어떻게 해야 하나요?

"그렇게는 힘들고요, 기간을 정해주세요, 1개월 안에?"

다음은 이런 식으로 질문의 기간을 정합니다. 이것이 '시간선Time
line'을 정하고 답변하는 방법입니다. 바로 여기까지가 바로 아마추
어를 넘어가는 단계입니다. 확률은 이제 60% 이상이 됩니다. 기간
을 정하고 목적을 확실히 했기 때문에 스프레드 방식에 따라 구
체적인 상황 등이 나오게 됩니다.

그럼 마지막으로 상담의 전문가가 하는 질문의 정리는 뭘까요?

"아, 연애요? ①혹시 마음에 둔 분이 있으신가요? ②활동하시는
곳이 많으세요? 동호회라든지……. ③그런 사람이 나타나면 데이
트를 신청할 용기는 있으신 거죠? 그럼 이렇게 한번 해볼까요?

첫 번째는 ④이번 달부터 6개월 안에 한 달씩 봐서 어느 달에 연
애가 가능한지 보고, ⑤두 번째는 그 달에 어느 활동영역에서 만
나게 되는지 볼게요. ⑥마지막으로 그때 그런 사람을 만나게 되면
당신이 어떻게 해야 하는지 조언을 들어보겠습니다."

지금 보신 1~6처럼 질문을 '구체화'시키고 운명이 실행될 가능성

있는 '시간선'과 그 이벤트가 발생할 가능성이 있는 '영역', 그리고 그런 일이 발생했을 때 필요한 구체적인 대응까지 정리하여 대답할 수 있는 것이 타로전문가의 상담기법 중 가장 필수적인 부분입니다. '연구가'와 '상담가'는 분명히 다르다고 말씀드립니다.

타로카드를 많이 수집하고 그에 대해 박식하며 그 논리에 빠져서 살면 '연구가'가 되는 것이고요. 달랑 하나의 타로밖에 없다 해도 그 하나의 도구로 수백의 사람들과 대화를 나눠서 스스로 상담의 매뉴얼을 머릿속에 익히고 연구하는 사람은 '상담가'가 됩니다.

구체적인 질문의 구성

모든 점은 질문에서 시작됩니다. '내가 취업이 될까?', '내가 저 사람과 인연이 있을까?', '이번에 하는 일의 계약이 성사될까?', '저 사람은 나를 어떻게 생각할까?'와 같이 질문이 발생하고 그 질문의 결과를 궁금해 하기에 점을 보는 것입니다.

하지만 타로카드로 점을 볼 수 있는 영역은 각종 역학이나 점성술과 같지 않습니다.

타로카드의 단점은 '알아낼 수 있는 미래의 영역이 짧다'입니다. 타로카드는 현재 일어나고 있는 사건에서 적중률이 가장 높고, 길게는 약 6개월에서 1년 정도의 정보를 알아낼 수 있습니다. 그 이상을 보시는 분들도 있지만 정확도에 대해서는 들은 바 없습니다.

또 다른 면에서 바라볼 때, '질문자들이 이렇게 정리하고 물어오는 경우가 얼마나 될까?'라는 면을 생각해 봐야 합니다. 그렇기에 질문자의 질문 내용을 기반으로 얼마나 논리적인, 상대가 이해할 수 있는 '질문의 틀'을 만들어 사용할 수 있는지가 타로카드로 상담하는 리더들의 역량인 것입니다.

처음에는 귀찮거나 상대의 끊임없는 질문에 신중하게 응대하다가도 그 틀을 무너트려 이 질문의 틀을 잃어버리기도 할 것입니다. 하지만 그럴 때마다 스스로 이 규칙을 지켜나간다면 나중에는 습관처럼 사용하게 되어 불편하거나 귀찮지 않게 될 것입니다.

질문의 틀을 만드는 순서입니다.

첫 번째, '누가?'를 정해야 합니다.

'나'인지 '질문자'인지 '질문자의 친구'인지 대상을 정합니다.

두 번째, '무엇을?'을 알아야 합니다.

시험, 취직, 연애, 금전 등 고민이 생긴 사건을 구체화시켜야 합니다. 예를 들면 "제가 이번에 시험을 봤는데 결과가 궁금합니다", "제가 이번에 직장동료에게 고백을 하려는데 받아줄까요?", "친구한테 빌려준 돈을 이달 말까지 받을 수 있을까요?"

이것처럼 질문의 주체인 '누가?'와 시험, 금전, 고백 등의 '무엇을?'이라는 것이 정해져야 합니다.

세 번째는 '시간선'을 만들어야 합니다.

"제가 이번에 시험을 봤는데"에서 '이번'이라는 단어가 시간을 이야기합니다.

"제가 이번에 직장동료에게 고백"을 이라고 하는 질문에서도 '이번', 또는 '다음 주'에, 또는 '올해 밸런타인데이'라는 시간선이 성립됩니다.

"친구에게 빌려준 돈을 이달 말까지 받을 수 있을까"에선 '이달 말'이라는 시간이 정해집니다.

이렇게 질문의 틀을 완성하고 셔플을 한 후에는 특별한 스프레드 없이 단 한 장의 카드만으로 구체적인 답을 구할 수 있게 되는 것입니다.

4 질문에 따른 스프레드

타로카드의 스프레드는 여러 가지가 있습니다.

이 스프레드 방법은 아주 오래전부터 사용하던 것들이 구전으로 전해진 것도 있고, 현대로 접어들어 사용이 많아지고 질문이 다양해지면서 변형되어 늘어난 것도 있습니다. 이 책에서는 제가 실제 상담에서 가장 많이 사용하는 스프레드 방식만 다루도록 하겠습니다.

길흉가부(吉凶可否)

첫 번째, 한 장의 카드만 뽑아서 길흉가부吉凶可否의 결과만 보는 '원카드'가 있습니다.

질문의 형태는 아주 단순해야 합니다.

예를 들면, 지금 당신은 작은 다툼때문에 며칠째 연락이 되지 않는 연인 때문에 고민하고 있습니다.

그리고 점을 봅니다. "오늘 안으로 연인과 연락이 될까요?", 다른 질문을 한다면, 당신이 친구에게 오늘 받기로 한 돈이 있습니다. "오늘 친구가 내게 돈을 보내줄까요?"

이렇게 과거의 영향이나 현재 상황의 참고 없이 오로지 '된다, 안 된다, 좋다, 나쁘다'만 확인하는 빠르고 간단한 스프레드가 '원카드' 방식입니다. 대신 '왜?'라는 상황적인 묘사나 이 문제를 해결하기 위해선 어떻게 대처해야 하는지에 대한 조언은 나타나지 않습니다.

두 번째는 '원카드'의 확장입니다.

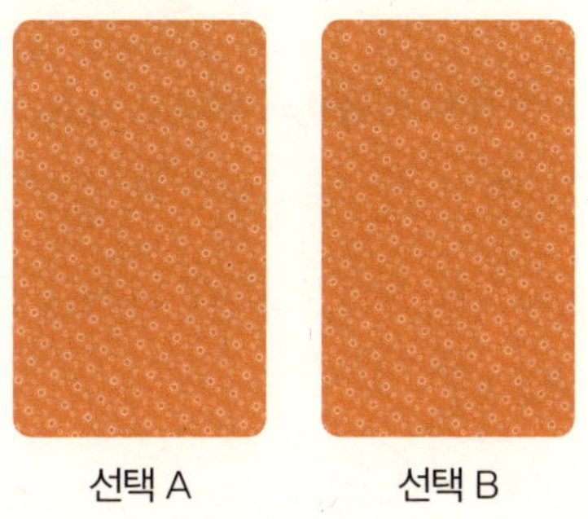

선택 A   선택 B

선택에 관한 문제를 다룰 때 사용합니다.

당신은 지금 나란히 있는 맥줏집 앞에서 고민하고 있습니다. "어느 맥줏집이 더 맛있고 내 마음에 들까?"라는 문제입니다. 그럼 당연히 왼쪽 집을 보면서 한 장, 오른쪽 집을 보면서 한 장, 이렇게 뽑아서 좋은 카드가 나온 쪽을 선택하는 것입니다.

이렇게 선택의 기로에 놓여 있을 때, '왼쪽과 오른쪽', 또는 '현재의 인연과 새로운 인연의 선택', 입사시험에서 두 회사가 모두 채용되었을 때의 선택 등에 사용됩니다. 만약 선택의 기로가 여러 개라면 당연히 여러 카드를 뽑아서 보면 됩니다.

세 번째는 관계를 보는 스프레드입니다.

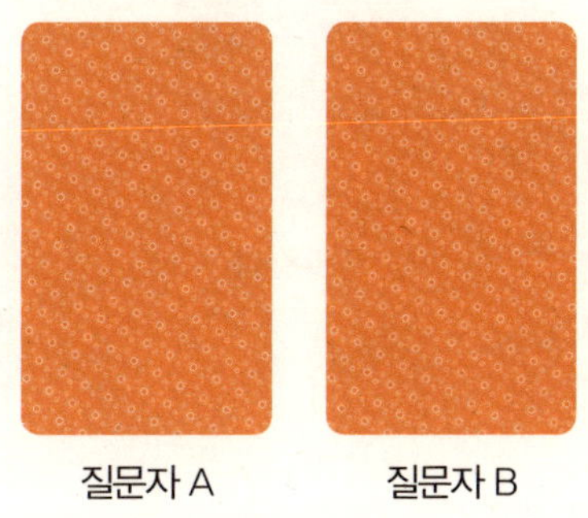

질문자 A   질문자 B

서로 상대방에 대해서 어떤 생각을 하고 있는지, 그 마음상태를 확인하거나 일의 관계에서 상대방의 마음을 알아보기 위해서 사용합니다.

A카드는 항상 질문자를 뽑습니다. B 카드는 그 상대방을 뽑는 것입니다.

A카드의 뜻은 A가 B를 바라보는 것으로 'B에 대해 어떻다'라고 생각하고 있는 것이며,

B카드의 뜻은 B가 A를 바라보는 것으로 'A에 대해 어떻다'라고 생각하고 있는 것입니다.

"나는 저 사람을 이렇게 본다"라는 것이 나의 카드에 표현이 되는 것입니다. 이렇게 관계성의 스프레드로 상대를 판단한 후에는 또 궁금한 것이 생기기 마련입니다. 바로 '상대방과 나의 현실성', 입장에 대한 평가입니다.

이제 관계성 스프레드의 확장입니다. 처음 배열하는 것은 똑같습니다.

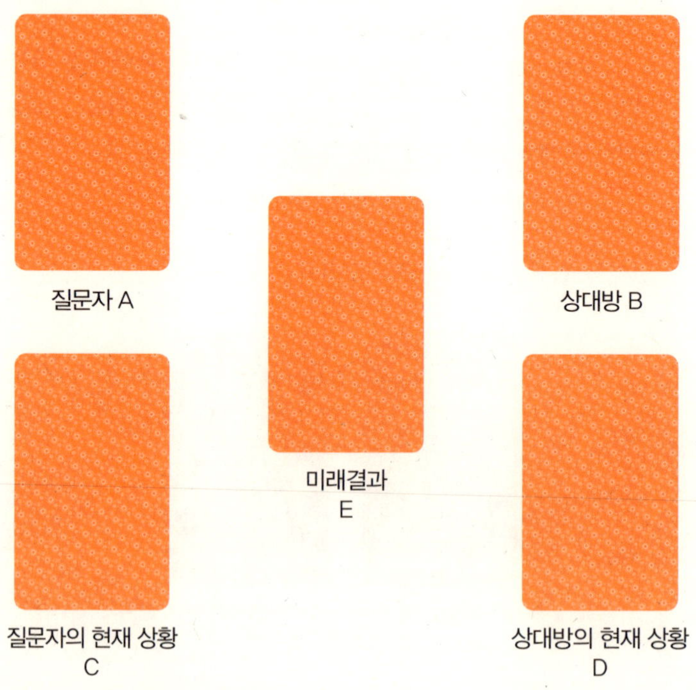

A카드는 질문자가 상대방을 어떻게 생각하는지의 카드가 되고,

B카드는 그 상대방이 나를 어떻게 생각하는지를 알아볼 수 있습니다. 다음은 A의 아래에 C를 놓고 B의 아래에 D를 놓습니다. 이것이 네 장을 사용한 관계성 스프레드의 확장입니다. 바로 C와 D는 A와 B의 자신이 처한 입장을 보여주는 것입니다.

A는 C의 입장에서 B를 그렇게 보는 것이고, B는 D의 입장에서 A를 그렇게 보고 있는 것입니다. 서로의 입장을 살펴보고 그 입장 차이를 해결해 나갈 수 있는 정보를 얻게 되는 것입니다. 이 스프레드는 새로 시작되는 연인관계를 볼 때 많이 사용하고, 또 시작하는 사업에서 거래처와의 관계나 동업자와의 관계를 볼 때 많이 사용하게 됩니다. 물론 친구관계에서도 사용할 일이 많습니다. 그리고 관계성 배열에서의 마지막 확장으로 한 장의 카드를 더 놓습니다. 이것은 두 사람의 관계에 대한 미래의 암시입니다. 아무리 나쁜 사람이어도 나에게 '일시적으로 이익'이 될 때가 있고, 아무리 착한 사람이어도 그 사람의 운이 나빠 '일시적으로 나에게 피해'를 입힐 때도 있는 것이 사람 사이의 '관계'라는 것입니다.

이 카드는 A, B, C, D 네 장의 카드 중심에 놓습니다. 단, 이 카드의 제한시간은 6개월 이내로 정하는 것이 좋습니다. 이 마지막 카드를 통해서 상대방과 관계가 6개월 이내에 '어떻게 될 것이다'를 알 수 있게 됩니다.

다섯 번째의 카드배열은 바로 과거, 현재, 미래를 보는 스프레드입니다.

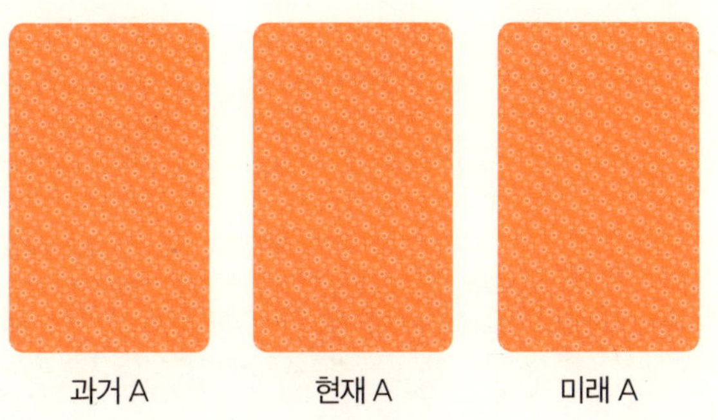

과거 A   현재 A   미래 A

위의 그림처럼 A, B, C 세 장만 놓으면 됩니다. 단지 질문에 대해 주의해야 합니다.

즉흥적으로 생각한 질문이나 해보지도 않은 일에 대해서는 볼 수 없습니다.

이것은 과거로부터 내가 해왔고, 지금 어떤 상황에 처해 있으며, 향후 1년 이내에 어떻게 될 것인지를 알아보는 배열입니다. 그러므로 과거에 하지 않은 일은 과거카드에 의미가 나올 수 없고, 현재 행동하지 않고 있어서 현재 상황에 대한 카드가 맞을 수 없습니다.

그러므로 이 스프레드는 이러한 질문에 적합합니다.

"내가 공무원 시험을 준비하고 있는데 올해 시험에 합격할까요?"

"내가 장사를 준비해왔는데 올해 개업해도 좋을까요?"

"지금 다니는 직장을 올해까지는 그냥 다니는 것이 좋을까요?"

이런 질문에 대해 이 스프레드는 과거에 당신은 이것에 대해 어떠했고, 지금은 이렇게 하고 있으며 향후 1년 이내에 계속하는 것이 좋을지 나쁠지를 알려주게 되는 것입니다.

여섯 번째 스프레드는 질문자가 현재 하고자 하는 일에 대한 미래의 결과와 대외적인 관계, 그리고 진행되는 과정, 그리고 그 일에 방해되는 요소와 그것을 극복하는 방법, 마지막으로 결과를 알려주는 스프레드입니다.

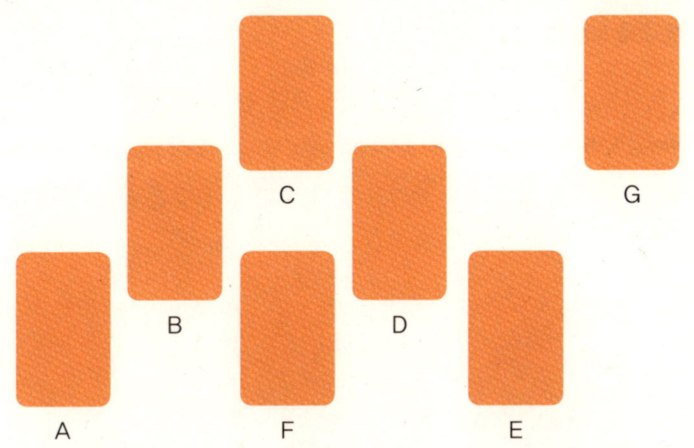

A카드를 놓고 이것은 질문자의 그 일을 하려는 현재 모습을 뜻합니다.

B카드를 약간 위쪽으로 옆에 두고 이것은 질문자가 하려는 일의 대외적인 상황 또는 외부에서 도움을 주는 사람들의 상황을 이야기합니다.

C카드를 약간 더 위쪽으로 옆에 두고 이것은 질문자가 하려는 일이 진행될 때 나타나는 과정을 이야기합니다.

D카드는 약간 아래로 내려 옆에 두고 이것은 질문자가 하려는 일을 방해하는 다양한 요소들입니다. 때로는 그 요소가 질문자 자신에게 있을 수 있으며, 또는 대외적인 상황에 있을 수가 있습니다.

E카드는 약간 더 아래로 내려 옆에 두고 이것은 질문자가 방해를 받았을 때 그 방해되는 것을 극복하는 방법에 대해 조언을 하는 카드입니다. 그러므로 D의 상황이 나타난다면 E로 해결을 해나가는 방법을 예시하는 것입니다.

F는 최종적인 결말을 이야기합니다. 물론 1년 이내를 제한적으로 두고 보는 것이 좋습니다.

G는 전체적인 진행과 결말을 확인하고 그 과정과 결과에 대해 조언을 얻기 위한 카드입니다.

일진운을 보는 법

타로카드로 일진운을 볼 때 가장 잊으면 안 되는 포인트는 과연 뭘까요? 바로, 시점입니다.

타로카드를 통해 일진을 보려고 한다면 다음과 같은 세팅이 되겠지요?

자! 위의 카드를 뒤집었을 때 '어떻게 해석하는가?'가 프로와 아마추어 사이를 갈라놓습니다.

① 셔플 중에 '오늘의 일진을 본다'라고 생각하며 스프레드를 하고 뒤집었다면 '아마추어'

② 셔플 중에 '오늘, 나에게 끼치는 시간대별 외부영향'이라고 단서를 달았다면 '프로'입니다.

만약, ①의 질문으로 스프레드하고 카드를 뒤집는다면 카드가 무엇을 말하는지 코에 걸어야 할지 귀에 걸어야 할지 모르게 됩니다. 그래서 애매한 해석으로 일관하게 되고 결국 하루가 지나서야 그 뜻을 알 수 있게 됩니다.

②의 질문으로 카드를 뒤집었다면 그 카드의 내용이 자신에게 미치는 외부영향이기에 해석의 방향성이 정해지고 당일 해야 할 일들을 정리해 보면 그 일들이 어떻게 돌아갈지 예측할 수 있게 됩니다.

그 다음이 스프레드 타입입니다.

지금부터 일진을 보려고 합니다. 어떤 카드배열이 좋을까요?

아침	점심	저녁

△ 이런 스프레드는 집에서 쉬시거나 한가한 분들만 쓰세요.
직장인 일진운은 이렇게 하시면 됩니다.

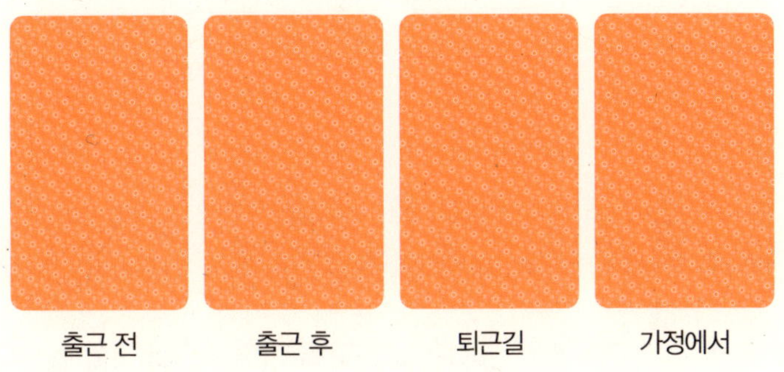

출근 전	출근 후	퇴근길	가정에서

그 다음은 사업하시는 분들의 스프레드입니다.

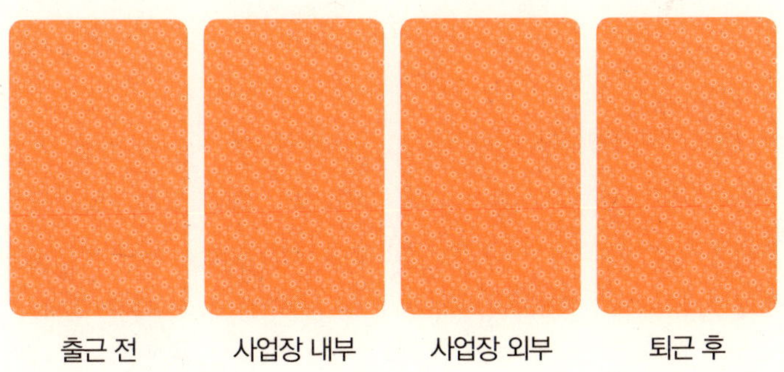

출근 전	사업장 내부	사업장 외부	퇴근 후

☞ '출근 전'은 회사에 도착하기 전까지의 액운이 끼었는지를 살펴보는 겁니다.

'사업장 내부'는 직원과 자금관계나 운영의 길흉이 나타나고, '사업장 외부'는 거래처와 수금처, 그날의 약속 진행상황 등이 나옵

니다. '퇴근 후'는 가정운까지 포함합니다. 바로 위의 스프레드에서처럼, 카드 한 장마다 정확한 질문을 부여하는 것이 마스터마다 가지고 있는 특유의 테크닉입니다. 그리고 그 질문에 맞추어 시점이 흔들리지 않도록 해석하는 것이 중요합니다.

5 해석을 위한 다양한 리딩

타로카드를 사용하는 초심자들이 가장 고민하는 것은 구입할 때 들어 있는 '키워드를 외워서 그 위주로 해석을 할 것인가?' 또는 카드 자체에 그려 있는 '이미지의 뜻을 읽어 해석할 것인가?'의 갈등입니다. 그러다 보니 어떤 사람은 키워드에 없는 것을 말하는데도 그 점의 결과가 척척 들어맞고 어떤 사람은 키워드대로 하는데도 그 점의 결과가 신통치 않을 때도 있습니다. 그런 부분에 대해 이제부터는 타로카드 그 자체를 이해하기 위해 노력을 해야합니다.

오래전부터 사용했다는 이집트나 유럽의 문화권에서의 타로카드는 반 기독교적인 행위였습니다. 그리고 후세에 재정립이 되어 키워드와 속성 등이 전해지기 전까지의 타로카드는 대부분 문맹자들이 사용했을 가능성이 아주 높습니다. 그래서 글로 표현되기보다는 그림으로 그 카드가 지니는 의미를 표시하고 말에서 말로 전달되어 왔을 것입니다.

그런 관점에서 보았을 때 타로카드는 키워드보다 그림에서 느껴지는 상징성을 우선시하게 되는 것입니다.

타로카드, 특히 라이더웨이트의 장점은 모든 카드에 상황이 아주 정확하게 묘사되어 있고 키워드 없이도 그 그림에 대한 이해만 할 줄 알면 어떤 상황이 벌어질지를 알 수 있습니다.

일단 해석은 다음과 같이 합니다.

첫 번째는 타로카드를 다루기 전에 정방향만 해석할 것인지 역방향까지 감안해서 사용할 것인지를 먼저 결정합니다. 상담을 하는 도중에 그 기준을 바꿀 수는 없습니다. 항상 그 카드를 구입할 때부터 결정하는 것이 좋습니다. 제 경우에는 해석의 다양성을 위해서 정방향과 역방향을 모두 사용합니다.

두 번째, 그림의 전체적인 상황표현과 카드를 뒤집고 그림을 봤을 때 제일 먼저 들어오는 부분적인 그림, 만약 싸우는 모습이 그려 있는 Five of wand의 카드를 보았을 때, 상황은 싸움이 일어나는 것으로 판단한 후, 다음으로 들고 서로 싸우는 '완드'가 먼저 강렬하게 느껴지는지 또는 그 싸우는 사람들의 '표정'이 먼저 느껴지는지를 판단하는 것입니다. 만약, 완드가 먼저 강렬하게 들어왔다면 일에 대한 권리와 이익으로 다투는 것이고, 사람이 먼저 들어왔다면 편 가르기로 인한 다툼이라는 해설을 할 수 있습니다.

메이저 카드처럼 카드 자체에 인물과 상황으로 키워드가 적혀 있는 것은 그것을 기본으로 해석을 해나가지만 마이너 카드의 경우는 그 해석이 질문자의 상황에 따라 조금씩 변화를 가지게 됩니다.

세 번째, 그럼 키워드는 언제 사용할까요? 그림을 우선시한다고 해서 키워드가 필요 없는 것은 아닙니다. 키워드는 공통적인 해석에 대한 제시입니다.

타로카드가 가지는 다양한 키워드의 특성상 자신이 점을 볼 때 질문자에 따라 점의 결과에 마음이 흔들릴 때가 있습니다. 자신의 점을 보게 된다든지, 힘들다는 사람에게 더 힘든 카드가 나온다든지, 친한 사람이 어려운 일을 물었는데 더 나쁜 카드가 답변으로 나온다든지, 이렇게 곤란한 입장의 문제입니다. 이럴 때 나쁜 의미여도 자꾸 좋게 해석하려는 경향이 생기게 됩니다. 그래서 키워드를 통해 '아전인수我田引水'격으로 해석하려는 것을 제어할 때 사용하면 아주 좋습니다. 또 처음 카드가 익숙지 않고 그림의 상황이 이해가지 않는다면 키워드를 벽에 붙이거나 옆에 두고 점을 보며 상황과 키워드를 대응해서 해석하는 것도 좋은 방법입니다.

타로카드를 공부하는 분들이 두 번째로 고민하는 부분은 바로 이것입니다.

"키워드를 통해 직관으로 선별하는 것도 있지만 그것을 질문과 배합하는 것"

이 부분에 대해서는 늘 자꾸 스스로 연습하고 소설에서 동화, 우화까지 다양한 지식을 습득하고 활용할 수 있어야 한다고 말씀을 드립니다.

기준점은 이렇습니다. 정방향일 때의 키워드와 역방향일 때의 키워드에 대해 기준을 잡습니다. 위의 카드가 정방향일 때는 내가 이익을 보고 사람들이 포기하고 떠나가는 카드이지만 역방향으로 돌아서면 내가 피해를 입고 실망한 체 떠나는 카드가 됩니다. 이 상황적 묘사를 통해 얻어진 키워드를 기준으로 질문에 배합합니다.

1. 연애 문제에서 정방향일 때는 경쟁자를 뚫고 연애를 성공시키는 뜻이 되기도 하며, 끼어든 경쟁자를 쫓아버리는 카드가 되기도 합니다. 물론 반대일 때는 내가 빼앗기는 꼴이 되겠죠.

2. 금전 문제에서는 동업자의 배신에서부터 장사에서 사기 수준의 이익, 경쟁을 물리침으로 보지만 마찬가지로 역방향에서는 또 그런 피해를 질문자가 입는 것으로 봐야 합니다.

이런 식으로 질문자의 질문에 따라 카드의 상황이 적용이 되어서 결과의 문장을 만들어 내는 것입니다. [질문자의 질문과 상황 + 카드가 묘사하는 미래상황 = 결과] 이런 공식을 사용해서 많은 문장을 만들고 연습해야 하는 것입니다.

막연히 재능의 문제라고 생각하고 혼자 공부하는 것을 포기하지 마세요. 특히 키워드에 매달리면 공부가 늘지 않습니다. 판단 기준에 키워드를 우선시하고 나머지는 스스로 질문과 상황을 배합해서 자유롭게 만들어 가는 것입니다.

원래부터 타로카드를 대중 앞에서 전문적으로 다뤘던 집시 같은 사람들은 키워드를 읽을 수 없는 '문맹자'들이었다는 것을 잊지 마세요.

타로카드와 맨탈의 원리, 그리고 제너카드

타로카드의 원리

타로카드가 신기할 정도로 잘 맞기도 하고, 때로는 타로카드가 엉터리로 결과가 나올 때도 있습니다. 게다가 어느 때는 '형형색색은 그림이요, 내 머릿속은 백짓장'이 되어 도무지 해석이 안 될 때도 있습니다. 왜 그럴까요?

이유는 타로리더와 질문자와의 '맨탈Mental 영역의 교류현상'때문입니다.

타로카드는 단순히 귀신의 힘을 빌려 점을 보거나 타로카드 자체의 힘으로 점을 보는 것이 아닙니다. 타로카드는 타로리더와 질문자 간의 맨탈 영역이 일시적으로 연결되어 질문하는 사람의 맨탈 영역에 저장되어 있는 가까운 미래정보를 타로리더가 직관을 통해서 읽어내고 감각을 통해 타로카드를 선택, 그 그림과 키워드로 미래를 표현해주는 것입니다. 그래서 숙련도에 따라 같은 카드의 그림이라고 해도 질문과 혼합하여 결과를 표현해주는 능력의 차이가 높고 낮음이 나타나는 것입니다.

그렇기에 초심자 단계에서는 신기하게 잘 맞던 점이 어느 단계부터는 잘 맞지 않게 됩니다.

그것은 연습을 위해 주변 사람들의 점을 봐주다 보면, 주변의 칭찬과 시선으로 인해 자만심이나 자괴심, 이 두 가지의 감정을 극단적으로 불러오게 되고, 그 극단적인 감정은 타로리더와 질문자의 맨탈 정보가 교류되는 것을 방해하게 되어 점을 볼 수 없게 되거나 점이 맞지 않게 되는 것입니다. 그래서 이것을 해결하기 위한 감정조절 역시 타로카드를 연습할 때부터 같이 연습해야 하는 것입니다.

제너카드Zenner Card의 사용을 통한 직관의 점검

우리가 흔히 초능력이라고 하면, ESP를 떠올립니다.

이 ESPExtra sensory perception를 검증하기 위한 방법을 Dr. J. B Rhine 과 Karl Zenner라는 두 심리학자가 발명했습니다. 그리고 나중에 Dr. J. B Rhine이 'Zenner Card'라고 명칭을 정하게 된 것입니다.

이 제너카드는 총 25장이 한 세트로 각 5장이 같은 그림으로 그려 있고 그 5장이 각각 다른 그림의 5세트로 만들어져 있습니다. 다섯 가지의 그림은 크로스, 물결라인, 별, 사각형, 원으로 되어 있고 이 카드를 통해 텔레파시와 투시 등 ESP 능력을 테스트하는 데 사용했습니다.

이 제너카드를 반복적으로 사용하게 되면 우리가 무의식에서 행동하는 "숨을 쉬어라!"라고 명령하지 않아도 숨을 쉬는 것과 같은 것을 제어하고 그 제어를 통해 의식과 무의식의 경계를 감각으로 느껴 제어하게 되면 자신이 평소 느끼지 못한 영역의 것들을 감각으로 느끼기 시작하게 됩니다. 이 능력은 사실 초능력이라기보다는 맨탈의 직관성이 발달하는 선천적인 요인입니다. 단지 이것을 수련을 통해 약간의 감각이라도 지니고 있는 사람이라면 누구나 노력 여하에 따라 그 감각을 발전시킬 수 있는 것입니다.

타로카드를 리딩하는 것의 가장 기본은 바로 질문자의 맨탈 영역에 접속되는 것으로 그 과정은 자신이 알든 모르든 발생하게 됩니다. 그러나 그것이 불규칙하고 자신이 제어할 수 없게 되면 당연히 타로카드로 상담할 때 잘 맞기도 하고 틀리기도 하는 변화가 심해집니다. 이런 불규칙하게 일어나는 능력을 트레이닝하면 밸런스 조절을 통해 스스로 다룰 수 있게 될 것입니다.

QR코드를 찍어보세요.
제너카드의 동영상 설명을 보실 수 있습니다.

*http://cafe.naver.com/tarotcardclass 카페에 방문하시면 인쇄용을 받으실 수 있습니다.

제너카드로 트레이닝하기 규칙

1. 제너카드는 카드의 뒷면을 알아맞히는 것이 아닙니다.

카드 뒷면의 그림에 대한 정보를 순수하게 받아들이는 것입니다. 그러므로 스스로 연습을 할 때 카드 뒷면을 '맞히겠다'라고 집착을 하시면 그 뒷면의 정보를 받아들일 수 없게 됩니다. 그러므로 '맞히겠다'가 아닌 '궁금한 것의 정보를 받아들이는 태도'가 되어야 합니다.

2. '뭐지?'라는 생각이 들고 바로 느껴지는 것, 그것이 직관입니다.

흔히 우리가 편지봉투를 받으면 그 내용물을 맞히려고 하나요? 아니죠?

편지봉투를 받으면 '뭐지?'라는 궁금증을 순수하게 떠올립니다. 그리고 자신의 경험 데이터에서 편지가 올 만한 상황들을 떠올립니다. 그리고 '아하! 혹시'라며 봉투를 열게 됩니다.

그 '아하'하는 순간에 점을 보듯 편지봉투의 내용물을 맞히려고 하는 사람은 없습니다.

3. 제너카드의 뒷면과 자신이 떠올린 모양이 일치할 때.

제너카드는 아침이나 타로카드로 점을 보기 전에 테스트하는 것이 좋습니다.

제너카드로 자신의 직관을 튜닝하면서 주의를 기울여야 하는 점은 맞혔을 때 직관을 받아들이는 뇌의 느낌을 잘 기억해 두셔야 한다는 것입니다.

마치 머릿속에 램프가 들어오듯, 또는 청량음료의 첫 모금을 마셨을 때의 느낌 같은 것이 얼굴의 미간 사이로 흐를 때도 있고, 뒷머리 쪽이 개운할 때도 있으며 사람마다 각양각색의 영향이 나타납니다. 이 영향의 정보를 잘 기억해 두시면 나중에 타로카드로 점을 보는 과정 중에 그 느낌과 일치하는 현상을 체험하게 될 것입니다.

그렇게 된다면 타로카드로 나타난 점의 결과에 본인이 스스로 더 신뢰할 수 있게 됩니다.

JUSTICE .

마스터레드의 라이더웨이트 베이직 키워드

이 페이지부터는 필자가 그동안 사용했던 경험에 의해 만든
독창적인 키워드입니다. 그러므로 다른 라이더웨이트 키워드와
서로 다를 수 있습니다.

정위치_ 엉뚱한, 바보 같은, 무계획, 엉뚱한 계획,
합리적이지 못한, 불안한, 경솔한, 자기만족상태, 가난한.

역위치_ 엉뚱한 결정, 위험한 상황을 알게 될 기회,
게으름, 방황, 주저앉는.

정위치_ 창작력, 상상력, 능숙한, 자기절제, 손재주, 충만한
힘, 재능, 새로운 일의 시작, 준비된 시작.

역위치_ 속임수, 불안함, 지연되는, 부족한 힘과 재능,
사기꾼, 부정한 일, 준비 없는 시작.

정위치_ 정신적 지주, 현명하고 공정한 판단, 조언을 얻다,
직관력, 정신적 유대감.

역위치_ 경험 없는 판단, 조언이 되지 못하는 참견,
명예실추, 가짜 영성, 직관이 아닌 착각, 가짜 지혜.

정위치_ 모성애적인, 여성적인, 풍요로운, 성공, 부인,
결혼, 현실적인, 배려.

역위치_ 모성애의 부재, 허세적인, 게으른, 걱정만 하고
행동이 없는, 거짓말.

정위치_ 권세, 권위, 권력, 명예를 지켜내는, 재물의 이익,
정복, 강력한 힘, 부성애, 남편, 남성적인.

역위치_ 허세, 권위의 추락, 가짜 명예, 재물의 손실,
부족한 힘, 자신의 위치를 빼앗기는.

정위치_ 종교적인, 자비로운, 직감, 원칙과 규칙의 구속,
정신적인 지주, 인도적인, 체면.

역위치_ 사이비, 속임수, 거짓말, 원칙을 벗어남, 정신적인
이용, 비인도적인.

정위치_ 연인, 사랑, 애정, 조화로움, 낭만, 신뢰, 결혼.

역위치_ 연인이 되지 못하는, 애정을 잃은, 낭만 없는, 속임수, 결혼할 수 없는, 불륜.

정위치_ 출발, 준비된 여행, 도전과 희망, 두 가지 일을 동시에 하다, 큰 계획을 시작하다.

역위치_ 출발하지 못하다, 준비부족으로 출발이 지연되는, 도전하지 않는, 두 가지 일을 하다 포기하는.

정위치_ 힘과 용기, 무한한 재능, 열정과 도전, 일을 성사시키기에 충분한 능력.

역위치_ 무력함, 과도한 힘을 사용하다, 무능한, 능력 있는 척, 게으른, 힘을 낭비하는.

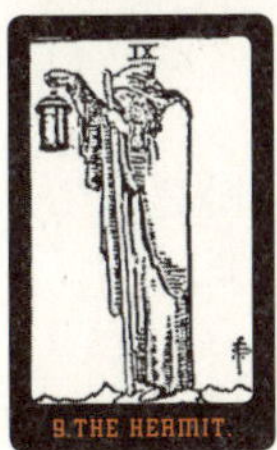

정위치_ 은밀함, 비밀, 신중하게 행동하는, 조사, 확인 후의 행동, 겉으로 드러내지 않는, 걱정이 많은, 나이가 많은.

역위치_ 비밀이 탄로나는, 신중하지 못한 행동과 말들, 걱정이 실제로 일어나는, 지식부족.

정위치_ 운명의 흐름, 작은 사건에는 단기적 흐름, 큰 사건에는 장기적 흐름, 자신이 해온 것이 이제 결과로 드러나게 된다, 운명적인.

역위치_ 나쁜 운명, 자신의 입장을 거스르다, 진행이 되지 않는, 흐름이 멈추다, 자신이 해온 것에 나쁜 결과가 나타난다.

정위치_ 정의로움, 공정한 판단, 결정, 단호한, 균형, 결과를 얻는다, 청렴결백.

역위치_ 고소, 고발, 권력의 남용, 오판, 불공정, 균형을 잃은, 결과가 지연되는, 부조리한.

정위치_ 인내, 수련, 어쩔 수 없이 묶인 채 시기를 기다리는, 내적인 힘을 키우는 시기, 희생과 변화.

역위치_ 인내력의 부족, 참지 못한, 인내의 시기가 끝나다, 수련을 마치지 못하는, 내적인 힘을 키우지 못한.

정위치_ 죽음, 부활, 새로 태어나기 위한 죽음의 과정, 관계의 정리, 금전의 포기, 새롭게 되기 위해 자신의 과거를 끊다.

역위치_ 불길한 일을 피하지 못하는, 변화하지 못하는, 정체되어 움직이지 못하는, 부정적인 변화, 포기.

정위치_ 조절, 절제, 절약, 조화로움, 합의와 조율, 협상.

역위치_ 조절의 실패, 절제하지 못하는, 조화가 깨진 불균형, 협상의 결렬.

정위치_ 속박되는, 섹스, 마약, 중독, 뒷거래, 기존의 가치관을 벗어난 행위, 악마, 유혹, 저주.

역위치_ 악마로부터 벗어남, 위험한 섹스, 뒷거래를 들킴, 중독현상으로부터 벗어남, 속박의 풀림, 저주에서 벗어남.

정위치_ 갑작스런 변화, 직장을 옮기거나 삶의 터전이 크게 변화하는, 관계의 결별, 파산과 사건사고.

역위치_ 사건이나 사고로부터 벗어나지 못하는, 변화하지 못하는, 단지 불행함을 느낀다, 변화에 따른 큰 고통에서 벗어나지 못한다.

정위치_ 희망과 포부, 아직 구체적이지 못한 계획과 미래에 대한 꿈, 창작적인, 예술, 믿음, 낙천적인 사고방식, 즐거움, 현실적이지 못한 사랑.

역위치_ 꿈으로 끝날 희망, 현실적인 생각들, 비관적인 생각들, 염세주의, 현실을 보고 싶지 않은.

정위치_ 위기에 대한 잠재의식의 경고, 위험, 꿈, 직관, 불안함, 드러나지 않은 위기.

역위치_ 꿈에서 깨어나지 못하다, 위험을 벗어나지 못하는, 때로는 위험을 직감으로 알게 된다, 위기가 겉으로 드러나고 있는 상황.

정위치_ 성공, 임신, 성취, 넘치는 기쁨, 모든 면에서의 성취와 기쁨을 나타내며, 위기가 있었다 해도 해결된다.

역위치_ 실패, 손해, 빼앗김, 슬픔, 모든 면에서 불길함을 나타낸다.

정위치_ 판결, 부름을 받다, 기다리던 소식을 듣게 된다, 자신 스스로가 변화를 일으켜야 원하는 것을 얻을 수 있게 된다, 기쁜 소식으로 인해 변화를 일으킨다, 부활하다, 새로운 삶을 부여받다, 자신의 과거에 대한 속죄를 하다.

역위치_ 소식이 없다, 변화가 일어나지 않는다, 스스로 핑계로 일관하며 잘못을 깨닫지 못한다, 속죄하지 못하는 죄인, 나쁜 소식, 재판의 연기.

정위치_ 조화를 통한 완벽함, 모든 것의 어울림, 나쁜 일이 변화를 일으켜 좋게 된다, 주변의 모든 것이 조화롭게 운영된다, 복잡한 일들의 완성, 성공, 성취하다, 예술적인 면.

역위치_ 실패와 부조화, 완벽하지 못한 상태, 어울리지 못하는, 점점 더 복잡해지는, 즐거움이 없는.

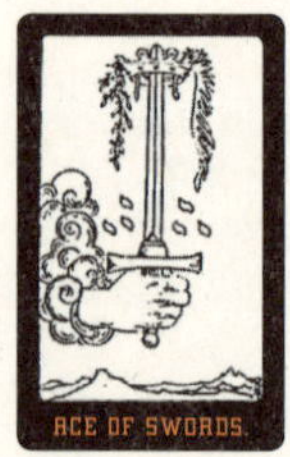

정위치_ 쟁취. 권력. 힘을 얻다, 투쟁에서 승리하다, 경쟁에서 이긴다, 명예나 권력을 얻다, 힘을 가지게 된다.

역위치_ 권력을 잃다, 권력을 남용하다, 잘못된 지휘와 판단, 투쟁에서 패배, 경쟁에서 참패.

정위치_ 우유부단해지다, 스스로 결정 할 수 없는 상황, 어느 쪽이든 나의 의도와 상관없이 선택하다, 때로는 선택을 흐름에 맡기다.

역위치_ 결정을 강요받는 상황, 위험한 결정, 나의 중요한 것을 잃게 되는 결정, 성급한 결정으로 인한 나쁜 결과, 준비되지 않은 마음의 상태.

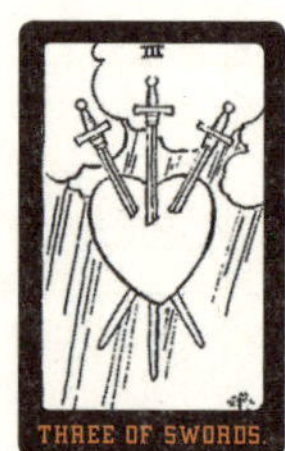

정위치_ 상처받은 마음, 괴로운 심리상태, 때로는 세 가지의 고통이 동시에 찾아오는 상황, 믿고 있는 이에게 받은 배신감, 슬픔, 고난, 외로움.

역위치_ 상처를 극복해야 한다, 타인에게 입힌 상처, 마음의 고통에서 벗어나는, 지독하게 외로움에 빠지다, 마음의 상처에서 벗어나지 못한다.

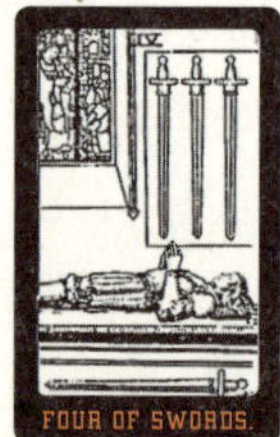

정위치_ 휴식, 안정을 취하고 있는. 안전한 상황에서 경계를 풀고 있는, 불길한 질문에는 죽음.

역위치_ 휴식이 필요한, 안정이 요구되는 상태, 불안정한 상황, 위험한 상황에서 경계를 풀고 있는, 휴식에서 일상으로 돌아와야 하는 경고, 방심.

정위치_ 이기심, 배신(계략), 남들이 떠난 뒤 챙기는 이익, 타인을 배려하지 않는 이익, 동업이 깨지며 이익을 챙기려 하는, 조직의 분열과 와해, 이간질.

역위치_ 타인으로부터 자신도 모르게 당하는 배신, 내가 모르는 이익을 타인에게 뺏기는, 스스로 포기한 권리, 배신당하는 상황에서 빠져나오지 못하는.

정위치_ 이동, 출장, 장기간 여행, 큰 의미에서 이민, 소식을 안고 목적지로 향하는, 연락과 소통, 삶의 터전을 옮기는, 떠나는.

역위치_ 이동하지 못하는 상황, 고통스러운 여행, 소식을 전달하지 못하는, 갈 길을 잃은, 소통되지 않는, 미련이 남아 떠나지 못하는.

정위치_ 도둑질, 배신행위, 자신만의 이익을 미리 챙기다, 속셈이 있는 친절, 사기꾼, 계획된 도주, 내 힘의 일부를 타인에게 뺏기는.

역위치_ 절도의 피해를 입다, 뒷담화를 당하는, 믿었던 이가 나를 피해 입히는, 절도의 위험으로 부터 벗어날 수 없는.

정위치_ 꼼짝할 수 없는, 사방에 알 수 없는 위험이 도사리고 있는, 가장 안전한 곳은 자신의 현재 위치이다, 스스로 해결할 수 없는, 상황을 파악하지 못하고 두려워하는, 명예에 사로잡힌, 덫.

역위치_ 위험을 무시하고 함부로 움직이기 직전, 위험으로 부터 벗어날 수 없는, 만약 위험을 이해하고 있다면 그 위험으로부터 곧 벗어나게 되는. 게으름, 방황, 주저앉는.

정위치_ 잠들 수 없는 마음의 고통, 우울증, 악몽, 사람들로부터 받은 상처를 극복하기 힘든. 불면증.

역위치_ 마음의 고통으로부터 벗어나는, 심각한 고민에 곧 해결의 실마리가 보이다, 타인에게 극복할 수 없는 상처를 입힌.

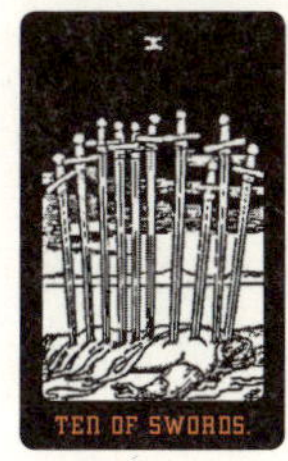

정위치_ 뒷담화, 모든 주변 사람의 배신, 죽음과 같은 고통, 권력을 완전히 잃음, 모든 것을 잃게 되는, 믿는 이들로부터 받게 되는 벗어날 수 없는 상처.

역위치_ 배신행위로부터 벗어나게 되는, 위험한 상황에서의 탈출, 모든 부분에서 위기의 경고, 또는 극단적인 선택, 뒷담화의 오해를 풀다.

정위치_ 명예를 위한 서툰 시도, 서툰 도전, 타인의 조언이 필요한 도전, 배운대로 시도하는, 완성되지 않은 명예와 기술, 지혜가 부족한 용기.

역위치_ 부족한 자신을 과도하게 믿는, 준비가 부족한 도전, 타인의 조언을 듣지 않는, 도전의 실패, 부족한 지혜.

정위치_ 자신의 신념으로 일을 해나가야 한다, 도전, 충분한 경험과 지혜에 따른, 빠른 진행, 용기, 현실적인 판단과 얻게 되는 결과, 성공의 여부는 정해지지 않았으나 과정은 자신의 계획대로 될 것이다.

역위치_ 신념을 잃어버린, 오만으로 인한 실패할 도전, 과도한 용기와 자만, 어떠한 일을 시작하지 못하는, 중도포기, 명예를 잃을 행위를 진행하다, 실패.

정위치_ 안정적인 명예와 권력, 성공의 중간단계, 포용력이 강조된 권력, 어머니의 입장, 가장의 보조적인 역할

역위치_ 불안정한 명예와 권력, 겉으로만 성공한, 자비로움이 없는, 권력의 남용, 추락되어가는 명예.

정위치_ 성공, 명예 또는 권력의 성취, 힘을 앞세운 명예 또는 권력, 충만한 힘, 아버지의 입장, 가장의 위치.

역위치_ 실패, 추락, 높아진 만큼 떨어질 때 그 깊이가 깊다, 명예의 실추, 권력의 오용, 남용, 거짓 명예.

정위치_ 창조와 창작, 감정의 충만, 기쁨, 평화, 정신적인 안정, 만족, 계획의 시작, 친절함,

역위치_ 불만, 감정의 손실, 기대할 바 없음, 타락.

정위치_ 사랑, 교섭, 화해, 감정의 교류, 합의, 협상, 친구가 되다, 동업.

역위치_ 관심 없음, 미움, 교섭 실패, 협상 실패, 동업이 깨진다.

정위치_ 중개인, 중개인이 필요함, 단합, 합의와 협상, 축배, 의견 일치, 경사, 기쁜 소식.

역위치_ 교섭 결렬, 중개인의 부재, 의견이 일치되지 않은, 협상 실패, 과도한 유흥.

정위치_ 몰두, 언제 온지 모르는 소식, 조언을 듣지 못하는, 앞의 것에 마음을 뺏긴.

역위치_ 눈앞의 것에 정신이 팔려 주변의 것을 듣지 못하는, 자신의 실수로 기회를 놓치는.

정위치_ 실망, 남은 기대, 막막함, 외로움, 숨고 싶어 하는, 돌아가기에는 두려운.

역위치_ 실망으로부터 벗어날 기회가 찾아온다, 외로움을 벗어날 기회, 떠난 곳으로 돌아갈 기회.

정위치_ 선물, 기쁜 소식, 희망을 건네다, 소식을 전달하다, 프러포즈하다.

역위치_ 나쁜 소식, 기다리는 소식이 오지 않는다, 불행한 소식을 전달하다, 이별의 통보를 받다.

정위치_ 생각만 번잡한, 이것저것 계획만 잡는, 현실적인 행동력이 부족한, 상상만 하다.

역위치_ 엉뚱한 계획, 도전하지 않는, 망상, 욕심만 많은, 착각의 상황에서 벗어나지 못한다.

정위치_ 유랑, 떠남, 포기하고 떠나게 되는, 자신의 것을 두고 가는, 왕따, 따돌림, 기회의 포기.

역위치_ 유랑으로부터 돌아오는, 미련이 남아 떠나지 못하는, 왕따로부터 벗어날 기회.

정위치_ 만족, 만반의 준비, 모든 면에서 충족하다고 생각하는, 자신만만.

역위치_ 자만, 자기만 만족하는, 허세, 감정의 허풍, 준비되지 않은, 불안함.

정위치_ 경사, 결혼, 가정을 꾸림, 성공, 더 먼 미래의 희망, 얻고자 하는 것을 얻는.

역위치_ 이혼, 불륜, 희망이 없는 관계, 계획대로 얻을 수 없는.

정위치_ 감정이 서툰, 부족한 지식이지만 열심히 하는, 숙련되지 않은 기술, 성실한, 부족한 표현력.

역위치_ 감정조절이 되지 않는, 지식의 부족함을 모르는 자만함, 자기 자신을 모르는, 과도한 표현력으로 인한 실패.

정위치_ 기회를 얻는, 도전하는, 새로운 제안을 받게 되는, 자신감을 얻는, 자신만의 노하우.

역위치_ 남을 속이는, 테크닉의 부족, 기회를 얻고도 게으름을 부리는, 기존의 과정을 답습하는, 타인의 노하우를 훔치는, 도전하는 척하는.

정위치_ 정직하고 온화한, 부드러운, 베푸는 사람, 모성애와 보살핌, 자애로운 사랑, 애정과 상대의 관찰.

역위치_ 부정한 여자, 뒷소문, 겉으로는 온화한 채 뒤에서 농락하는, 자비롭지 못한, 거짓 애정.

정위치_ 책임자, 지식인, 종교가, 신념이 강한, 아버지와 같은 이해심, 믿음직한, 성공하는.

역위치_ 감정의 손실과 명예의 추락, 황폐함, 불법적인 일을 서슴지 않는, 약아빠진, 체면을 차리지 못하는.

정위치_ 일의 시작, 완벽한 준비, 새로운 일, 나의 충분한 일의 능력.

역위치_ 그것들이 충분하지 않다. 포기, 부정한 일을 회피하는

정위치_ 소식을 기다린다, 먼 곳의 소식, 기다림, 좋은 소식, 조금 늦지만 소식이 온다.

역위치_ 소식이 오지 않는다, 오다가 지연된다, 불길한 소식.

정위치_ 부족한 하나를 기다리는, 소식, 사람을 기다린다, 기다리면 해결되는 것.

역위치_ 시기가 맞지 않는다, 준비가 부족하다, 때를 놓쳤다, 한 가지를 더 준비하라.

정위치_ 가정 또는 조직을 이룬다, 일이 자리 잡는다, 안정권에 들었다, 필드가 조성되었다, 가정의 의미.

역위치_ 내 터전이 불안정해지다, 영역이 깨진다, 불안함, 가정불화.

정위치_ 직접적인 경쟁, 내 터전이 없는 상태에서 싸운다, 일에 관한 경쟁, 고달프지만 승리 가능성이 높다.

역위치_ 암투, 패배한다, 쓸데없는 경쟁이다, 뒷담화, 왕따.

정위치_ 새 출발, 의견 통합, 개척, 준비 후 출발, 권위, 일에 대한 승리.

역위치_ 따르는 사람의 부족, 지연됨, 실패, 중단이 된다.

정위치_ 자리를 지킨다, 방어.

역위치_ 혼자서 지키기 어렵다, 방어의 실패, 과도한 공격을 받고 있다, 왕따.

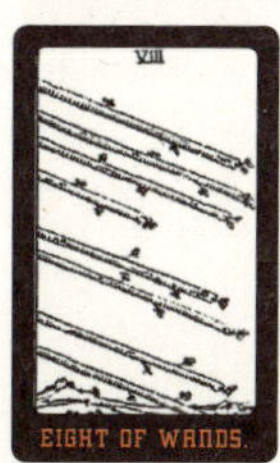

정위치_ 속도전, 빠른 행동으로 대처하라, 모든 질문에서 빠르게 대처하면 긍정적인 결과를 얻는다, 단기.

역위치_ 게으름, 지각, 시기를 놓친다, 지연된다, 모든 질문에서 지연으로 인한 부정적 결과를 얻는다.

정위치_ 기진맥진, 겨우 해냄, 과도한 업무를 해결하다, 비참한 승리, 겨우 지켜내다.

역위치_ 완전한 패배, 일을 수행해내지 못하다, 여러 가지 일에 치여 포기하다, 비참한 패배, 지켜내던 도중에 포기하다.

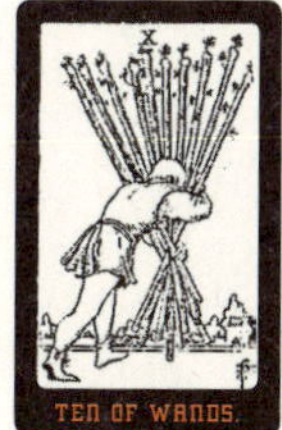

정위치_ 인생의 짐, 나 혼자 감당해야 한다, 도움을 받을 수 없다.

역위치_ 그 고통에서 벗어나다, 조력자를 얻을 가능성이 있다, 극악의 부정(그 상황에서 벗어날 수 없다).

정위치_ 서툴다, 서툰 평가, 자신이 모르는 새로운 것을 해야 하는 입장, 정보가 부족하다, 하지만 좋은 시도, 신입사원, 인턴직.

역위치_ 오만한 평가, 자신이 서툴다는 것을 인지하지 못한 행동, 주의가 필요한 행동.

정위치_ 능숙함과 행동력, 자신의 일 해나감, 도전과 성공.

역위치_ 자만심에 의한 실패, 행동력의 부족, 실력부족.

정위치_ 모든 면에서 원숙해나가는 과정, 자신의 안정된 일.

역위치_ 모든 면에서 옹졸하다, 자신의 자리가 불안정하다, 오지랖, 부족한 포용력.

정위치_ 권력과 쟁취, 성공과 완성.

역위치_ 실패와 추락, 부족함.

정위치_ 재물의 이익, 재물의 취득, 인맥을 얻다, 재물이나 인맥의 부분에서 성취.

역위치_ 재물의 손해, 재물을 잃음, 인맥을 잃게 되는, 지출이 늘어나는.

정위치_ 즐겁지 않은 이익과 유흥, 겉으로만 이익, 어쩔 수 없이 행동하는 상황, 의무적인 거래, 접대.

역위치_ 강요에 의한 행위, 유흥으로 인한 과다지출, 타인을 위해 지출되는 재물, 접대의 실패.

정위치_ 기부, 투자, 자신의 미래를 위해 계획하고 저축하는, 모금, 타인들을 위한 지출과 거래.

역위치_ 거짓된 모금, 계획 없는 지출, 자신만을 위한 지출, 협의 없는 거래, 낭비.

정위치_ 자린고비, 적금, 철저한 분석, 관찰, 감시, 소유, 집착.

역위치_ 적금이 깨진다, 큰돈이 나간다, 낭비, 분석 실패, 스토커.

정위치_ 가난, 남의 돈, 내 것이 될 수 없는 행복, 포기, 함께한 타인은 이익을 보고 나는 그전에 포기하고 떠나는 것을 이야기한다.

역위치_ 위의 상황에서 간신히 벗어나고 있는 것, 조금은 자신의 것을 챙기기도 한다.

정위치_ 공정한 분배, 베풀어야 한다, 인맥을 균등하게 대우해야 한다, 그로 인한 이익이 생긴다.

역위치_ 불공정함, 인색한, 나의 인색함으로 인해 사람들이 떠나는, 낭비.

정위치_ 수확 직전 기회가 무르익음, 계획, 내가 심은 만큼의 이익.

역위치_ 거둘 게 없다, 파산, 계획의 실패, 기다림에 실망스런 결과, 노력한 것이 없음.

정위치_ 생산과 쌓아올리는 것 꾸준함 노력, 세심함, 그만한 능력이 있는.

역위치_ 모든 면에서 공든 탑이 무너진다.

정위치_ 풍요, 유흥, 여성스러움, 예술적 감각, 사냥

역위치_ 낭비, 허세, 허영심, 과시.

정위치_ 모두 풍요, 즐거움, 축제, 많은 인맥, 인맥으로 인한 이익.

역위치_ 이익에 의해 분열됨, 파벌, 인맥의 흩어짐.

정위치_ 돈에 대한 새로운 시도, 서툰 시도, 무경험에 따른 투자, 아슬아슬한, 자금운영에 미숙한.

역위치_ 미숙함으로 인한 손해, 하지 말아야 할 투자, 실패.

정위치_ 투자에 대한 신중한 도전, 새로운 것을 지향하는, 투자에 이익이 따른다, 소규모.

역위치_ 도전하지 않는, 자만으로 인한 손해, 투자에 손해를 입는다, 일에 진척이 없다.

정위치_ 풍요로움, 적절한 지출관리, 금전관리의 효율, 꾸준한 이익, 보살펴주는 행위.

역위치_ 겉으로만 풍요로운, 착오로 인한 지출, 금전관리의 실수, 손해.

정위치_ 성취, 성공, 재물을 통한 권력, 큰돈의 수익, 큰 이익, 바로 도움을 받을 수 있는 인맥.

역위치_ 실패, 재물의 낭비, 큰돈이 나간다, 손해, 큰 지출, 갑작스런 지출, 손해를 입히는 인맥.

XXI
THE WORLD

마스터레드의 라이더웨이트 상황별 해석집
(금전운, 직장 및 취업운, 연애운)

0.THE FOOL.

MONEY

1. 경솔한 지출, 충동구매, 이 두 가지를 주의하라! 사 놓고 나면 애물단지가
   될 것이다.
2. 금전운이 어지러워진다. 미래의 위기를 생각하지 않고 당장 큰돈을 지출할
   수도 있다.
3. 본인만 위험을 감지하지 못하고 있다. 투자한 주식이 있다면 점검하라.
   확증 없이 꿈을 꾸면 실패로 돌아온다. 단지 작은 금전운은 좋으나
   큰일에는 손해를 보게 된다.

WORK

1. 자신의 분야와 전혀 다른 곳으로 진출하게 된다. 계획성이 없는 진행으로
   불안정한 업무가 이어진다. 취업준비생은 지원하는 회사를 잘 알아봐야
   할 것이다.
2. 무계획이 계획이다. 새로운 일들에 대한 제의가 많으니 확실한 것만
   손대고 어물쩡한 것들은 일찌감치 손대지 말아야 한다. 시작한 일에
   길흉은 정해지지 않았으니 일의 주제와 진행에 따라 모든 일의 결과가
   다르다.
3. 지금 계획하는 것은 말 그대로 복불복이 되어버린다. 새롭게 시작하는
   일은 미루고 기존의 하던 일을 유지하라, 아직 시기가 맞지 않다.

LOVE

1. 경솔한 언행으로 서로에게 화날 일을 하지 않았는지 반성해 보라, 서로
   오해로 인한 엉뚱한 한 걸음을 걷고 있다. 솔로라면 당신이 관심을 가지고
   있는 상대는 이미 결혼한 사람일 수도 있다.
2. 현실을 외면하고 가는 길이 즐거울 때는 딱 한 가지 연애가 즐거울
   때뿐이다. 솔로는 오히려 엉뚱한 대시로 창피당할 수 있다. 주의하라.
3. 다른 사람들이 말리는데도 내 눈에는 상대가 최고다. 남들이 모르는 내
   연인의 매력은 사실 '콩깍지의 마법' 이라는 것을 본인만 모르는 것이다.

MONEY

1. 자금의 난조에서 이제 조금씩 벗어나게 된다. 희망을 버리지 말고 구체적으로 계획을 세워서 금전을 관리하면 점점 좋아진다.
2. 발 밑을 조심하라. 한 걸음만 잘못 디디면 목돈이 나간다. 미래를 직시하지 않은 투자금은 손실로 이어지게 된다.
3. 잘못된 결정으로 인해 돈이 흘러나간다. 우유부단함이 태만을 불러오고 그로 인해 자금관리에 실패한다. 마음속 깊이 경계해야 한다.

WORK

1. 남들에게 태만함을 보이지 말라. 자신의 심경의 복잡함은 자신의 일이지 회사의 일이 아니다. 나중에 그로 인한 피해를 보게 된다. 취업준비생은 쉬는 게 더 낫다.
2. 우유부단함과 나태함은 상사로부터 질책을 받게 된다. 거래처 약속을 어기는 것은 좋지 않다. 후에 이로 인한 손해가 예상된다.
3. 직장 내 불이익을 받을 수 있다. 되도록 출근부터 일찍 하는 것이 좋지 않을까? 취업준비생은 좋은 기회를 게으름으로 놓칠 수 있다.

LOVE

1. 당신의 태만함이 상대에게 흉이 될 수 있다. 데이트에서 상대방을 자신 있게 이끌어야 한다. 눈치를 살피는 것은 별로 좋지 않다. 솔로는 고백할 타이밍이 와도 망설이다 시기를 놓칠 가능성이 높다.
2. 소개팅이 있다면 피하는 것이 좋다. 엉뚱한 파트너에 속아 손해를 본다. 잘못된 만남이다. 엉뚱한 실수 연발로 관계만 자꾸 서먹해진다. 가만히 있어야 중간을 간다.
3. 연인과 마음이 맞지 않으니 갑자기 당황스럽기까지 하다. 남들이 말려도 꿋꿋하게 해온 연애가 점점 후회되기 시작한다. 눈에 쓰인 콩깍지가 벗겨지니 속으로는 환장한다.

1.MAGICIAN.

MONEY

1. 눈앞에 많은 유혹이 벌어져 있다. 투자와 구매 등 마음이 복잡하다.
   여기저기 흩어져 있는 돈이 있다면 돌아온다.
2. 금전의 사용이 많은 시기로 이것저것 복잡한 지출이 많다. 하나하나
   가려서 지출을 줄이는 것이 좋다.
3. 그동안 준비한 많은 일들로 자금이 여유로워지고 필요한 돈은 쉽게 구할
   수 있다. 투자 관련해서 알아보는 것도 좋다. 그러나 장기가 아닌 단기적인
   투자에만 이롭다.

WORK

1. 독창성 있게 추진하는 일들은 잘될 것이다. 여러 가지 일을 조리 있게
   처리해야 한다. 게으르지만 않다면 기대 이상의 성과를 낼 것이다.
   취업준비생에게는 기쁜 시기이다.
2. 그동안 준비했던 일들을 이제 시작하게 되거나, 이제 결실이 맺어져
   많은 좋은 결과를 얻게 된다. 그만큼 바쁘고 숨 쉴 틈 없으니 자기관리도
   더불어 해야 한다.
3. 이제야 수금 등 자금업무에 박차를 더할 수 있는 시기이다. 밀린 수금과
   금전에 관련된 계약들을 밀어붙여야 한다. 회사의 업무에도 효과가
   나타난다.

LOVE

1. 연인과 하고 싶은 것도 많고 할 수 있는 것도 많은 연애운. 연인과 함께
   즐거운 일을 하라. 새로운 이벤트로 즐거움을 나눌 시기이다. 스트레스는
   모두 풀릴 것이다.
2. 다양하고 독창적인 이벤트로 연인과 함께 여러 가지 즐거운 시간을 보낼
   수 있을 때이다. 또는 두 사람 사이에 작은 여러 가지 일들을 해결하게 될
   것이다.
3. 솔로는 친구처럼 지내는 이성에게 전화해 보라. 이성과의 접촉이 많아지는
   시기이다. 너무 유흥에 빠지지 말 것!

MONEY

1. 돈을 분실하거나 허황된 투자에 손댈 가능성이 있다. 주식정보는 귀를
   막고 지내고 아무리 좋은 투자도 다음 기회로 넘겨서 해야 한다.
2. 사기꾼을 조심하고 무엇을 사도 비싸게 사게 되니 주의할 것, 돈을 받아도
   제대로 받기 힘들다. 기존의 수입만 안전하다.
3. 여기저기 벌려놓은 돈이 거두어지지 않는다. 투자는 손실로 이어지고
   빌려준 돈은 싸움을 만든다. 움직이지 않는 것이 좋다.

WORK

1. 벌어져 있는 일들이 정리가 안된다. 이것저것 할 일은 많지만 어느
   것부터 해야 할지 망설여진다. 사기꾼도 조심해야 하니 중구난방이다.
   취업준비생도 사기취업을 조심하라.
2. 나에게 쓸데없이 친절한 사람만 조심하면 된다. 타인이 나를 향해 미소
   지을 때 천사가 아니라면 반드시 목적은 있다.
3. 중요한 일들을 피하는 것이 이롭다. 준비부족이나 일손의 부족으로 일을
   하다가 중단될 수도 있기 때문이다. 말을 많이 하면 자신이 책임질 일도
   많아진다.

LOVE

1. 연인의 속임수를 주의해야 한다. 상대가 다른 마음을 품을 수도 있다.
   속임수와 거짓말이 많으니 일단 점검해 봐야 할 필요가 있다.
2. 어쩌면 여기저기 한눈을 팔고 있지 않은지, 당신의 의지박약함으로 또는
   우유부단함으로 삼각관계에 놓일 수 있다.
3. 하나의 연인도 없으면서 만인의 연인이 되는 꼴이 난다. 본인이 외로울 땐
   연락도 받지 않는 이성들이 갑자기 심심해졌는지 유달리 연락이 많아진다.

2.THE HIGH PRIESTESS.

MONEY

1. 이제야 투자할 기회가 잠시 찾아온다. 명백한 시선으로 유혹을 버리고 판단하라. 객관적인 것이 확실한 것이다. 금전운이 좋아지는 운세이다.
2. 현실적으로 나타나는 돈보다는 주식이나 땅, 집값 같은 이익이 생기는 시기이다. 투자를 하려고 한다면 나이 많은 사람의 조언을 들어라.
3. 체면치레할 일이 많다. 그로 인해 나가는 돈이 제법 신경 쓰이게 한다. 또는 자신의 꿈에 투자를 하는 비용지출이 생긴다. 그 비용이 적지는 않다.

WORK

1. 결정해야 할 일이 있다면 순수한 당신의 직관에 기대어 진행하라. 옳은 것과 그른 것을 판단해야 할 일이 생기며 그에 따라 현명하게 대처하게 된다. 자만심만 피하면 좋은 일이 생긴다.
2. 좋은 소식이 온다. 경쟁 중이었다면 경쟁에서 이길 것이고, 오더를 기다렸다면 받게 될 것이다. 취업준비생은 원하는 회사에서 좋은 소식을 받게 될 것이다.
3. 윗사람으로부터 도움을 받는다. 물질적인 도움은 부족해도 인맥과 정신적인 도움은 주변에 있을 것이다.

LOVE

1. 내 마음을 말하지 않아도 상대가 알거라는 생각은 하지 않는 것이 좋다.
2. 서로의 감정이 잘 통하는 시기이지만 이로 인해 장기적으로는 오해를 낳기 쉬워진다. 솔로에게는 짝사랑의 시기이다.
3. 연인 간의 유대관계가 깊어지는 시기. 짧은 만남보다는 신중하고 결혼까지 생각하는 연애를 하라. 솔로는 상상은 그만하고 이제 대시해야만 한다.

MONEY

1. 돈 문제로 체면을 구기게 될 때, 항상 민감하게 대응하고 쓸데없는 낭비를 줄여야 한다. 일단 문제가 생기면 이 문제는 오래간다.
2. 이기적인 마음을 잘 다스려야 한다. 이는 회식이나 모임 등에서의 지출을 꺼려하거나 작은 금전의 이익으로 자신의 인격에 손해를 입는 것과 같다.
3. 정확한 투자의 지식 없이 다른 이들을 따라 투자한다면 반드시 손실이 일어난다.

WORK

1. 불공평한 대우로 인해 마음이 상한다. 동료와 나를 비교하지 말라. 그렇게 해봐야 더 마음이 상할 뿐이다. 이때가 지나면 상황이 바뀌니 지금은 표현하지 말고 기다려라.
2. 성과에 비해 대우를 받지 못한다. 불만으로 가득한 한 시기이다, 그러나 직장이란 것은 잠깐 나쁘다고 해서 사표를 던지는 것이 아니다. 취업준비생은 좀 더 쉬어야 할 것 같다.
3. 지금은 사업도 불안정하고 이직이나 취업 모두 불안정하다. 자신의 업무를 견디기 힘드니 직장인은 그만두고 싶은 마음이 하늘을 찌른다.

LOVE

1. 기존의 연인은 더 깊은 관계로 발전할 것이다. 육체적인 조합이 강해지는 시기이다. 또는 너무 이기적인 연애를 하게 된다.
2. 정신적인 연애는 그만, 이제 스킨십이 필요한 시기이다. 너무 거부하는 것도 결벽이 아닐까?
3. 여자라면 연인 때문에 자존심이 상할 일이 생기고, 남자라면 연인의 고집으로 인해 짜증이 범벅될 때다. 데이트하기에는 꽝이니 차라리 조용히 시간을 때우는 것이 낫다.

MONEY

1. 금전운이 좋아지고 있다. 만족할 만큼의 재정이 보충된다. 보너스나
   부수입 등 여러 가지 여유가 생긴다. 자신의 직관에 따르는 투자는 곧
   이익을 불러온다.
2. 특별한 이익이 있으니 투자한 곳을 관리하고 빌려준 돈을 돌려받아 보라.
   되지 않던 금전적인 문제들이 해결될 것이다.
3. 이제야 필요한 돈이 풀린다. 자금력이 오르기 시작하니 투자에 이롭다.
   지출이 많아지니 지출 관리를 잘해야 나중에 후회하지 않는다.

WORK

1. 업무나 사업에 드디어 길이 열리니 희망을 가지고 열심히 일해야 하는
   때가 된다. 직장인은 승진 등의 소식이 오고 거래처와 좋은 소식이 오며
   취업준비생은 좋은 소식을 듣게 된다.
2. 그동안 밀려있던 일이 해결된다. 기쁜 일이 찾아온다. 동료와 거래처와의
   화합이 이루어지고 견적이 통과된다.
3. 업무나 사업, 일의 추진 등이 원활하게 될 것이며 혹시 승진 등의 기회가
   있다면 행운을 잡게 될 것이다. 그러므로 모든 업무나 행동, 윗사람과의
   만남을 피하지 말고 마주쳐야 한다.

LOVE

1. 연상의 여자를 만날 운이 있다. 여자에게는 엄마같이 포근한 이성을 만날
   수도 있다. 직관에 따라 '이 사람이다' 라는 것이 느껴질 때이다. 기존의
   연인은 프러포즈할 기회가 생긴다.
2. 남자는 공주를 받들 듯이 여자를 만나게 되고 여자는 남자로 인해
   풍요로운 시기가 된다. 여기서 풍요는 금전에 관한 것만이 아니라 마음의
   풍요도 함께 이야기하는 것이다.
3. 연애가 잘 진행된다. 자신이 상대방에게 하고 싶은 이야기를 하면 내
   말이나 부탁을 선뜻 들어주니 웬만한 것은 다툼 없이 상대가 받아들인다.

MONEY

1. 체면유지 비용이 많이 나가게 된다. 또는 큰돈을 기대하지만 그 돈은 작게 들어오기도 한다. 체면보다 실익을 따져봐야 하는 금전운이다.
2. 돈이 의외로 크게 나간다. 현실을 직시하고 절제해야 자금난에 빠지지 않는다. 허례허식을 주의해야 한다.
3. 돈 때문에 인심 잃을 일이 생긴다. 나도 힘든데 도와 달라 하니 답이 없다. 그렇다고 외면하자니 인심만 잃을 뿐이다.

WORK

1. 당신의 게으름과 주책은 상사를 실망시킨다. 거래처와의 약속을 어기면 거래가 끊긴다. 이러한 기본을 잊지 말라. 이상하게 귀찮고 일이 꼬인다.
2. 윗사람으로부터 질책을 받게 되거나 윗사람과 사이가 나빠진다. 회식자리 등에서 술에 취하지 말라. 체면 잃고 사람 잃는다.
3. 지금은 업무를 늘리거나 확장할 때가 아니다. 자금에 관련되어 힘에 부치는 상황이 발생하니 항상 경계심을 늦추지 말아야 한다.

LOVE

1. 연인 앞에서 체면 구길 일이 생긴다. 또는 자존심 상할 말을 듣게 되니 마음의 준비를 하고 너그럽게 넘겨라. 헤어질 것이 아니라면 적당히 넘기는 아량도 있어야 한다.
2. 상대와 자꾸 어긋나는 상황이다. 특별히 잘못한 게 없어도 오해를 사게 된다. 차라리 말을 자세히 전하는 것이 좋다.
3. 연인 간 사소한 감정의 싸움이 일어난다. 양보하고 자중하라. 싸워서 남는 것이 없는 전쟁일 뿐이다. 솔로에겐 별일 없는 시기가 된다.

4.THE EMPEROR.

MONEY

1. 금전운이 최고조에 달했다. 취할 것은 취하고 갚을 것은 갚아버려야
   다음의 운에 대비하는 것이다. 이럴 때 돈 문제에 있어서 빠르게 움직이는
   게 좋다.
2. 돈에 대한 이익, 성공, 그리고 성취가 따른다. 곗돈이든 적금이든 작은
   투자든 이익이 당신을 즐겁게 할 것이다.
3. 이제야 정신 좀 차릴 수 있다. 도움을 청하면 도와줄 사람도 생기고
   어느 정도 협의 하에 밀린 돈도 처리할 수 있게 된다. 그렇다고 돈을
   남용해서는 안 된다.

WORK

1. 거래처와의 협의 프로젝트의 진행 등 모든 면에서 좋은 운이다. 이럴 땐
   지체하지 말고 끌고 나가야 한다. 취업준비생도 취업이 될 것이다.
2. 성공! 드디어 좋은 결과를 얻고 거래처와의 교섭에 성공하며 모든 계약이
   이롭게 끝난다. 이 시기를 놓치지 말고 밀어붙여라.
3. 업무에 진척이 생긴다. 거래처와의 교섭에 성공한다. 상대방보다 우위에서
   일을 진행할 수 있게 된다. 취업도 성공할 수 있다.

LOVE

1. 새로운 인연을 만나게 되거나 자신이 관심을 가지고 있던 상대에게
   다가갈 기회가 생긴다. 이때를 놓치지 말고 대시하면 좋은 결과가
   찾아온다.
2. 연인 앞에서 선량한 모습보다 리더십 있는 모습을 보여라, 그로 인해
   상대로부터 더 신용을 얻게 될 것이다. 여자 역시 독립심을 보이면 좋다.
3. 내 연인은 고집쟁이다. 그러므로 맞서려고 하지 말고 우회하는 말들로
   자신이 원하는 것을 표현해야 한다. 맞서면 괜히 다툴 뿐이다.

MONEY

1. 돈 관리에 신경을 많이 써야 한다. 작은 지출이 쌓여 큰 지출이 된다. 또는
   비싼 물건을 구입하려고 한다면 하지 않는 것이 이롭다.
2. 큰돈이 나갈 징조가 보이니 자금에 여유를 확보하고 안전하게 지내야
   한다. 미리 지출하지 말고 들어올 돈이 들어온 후에 지출해야 한다.
3. 당신의 우유부단함이 투자를 실패로 이끈다. 이럴 땐 투자보다는 적금
   등에 기대어 안전하게 관리하는 것이 좋다. 사소한 감정의 조절 실패로
   도박에서도 운이 따르지 않는다.

WORK

1. 명예의 실추, 신용의 하락. 프로젝트의 실패가 예상된다. 진행하던 계획에
   슬럼프가 예상된다. 주의하라!
2. 업무 진행에 문제가 생긴다. 또는 자존심에 상처 입을 문제가 생긴다.
   어떤 쪽이든 주의하고 대인관계에 신경을 써야 한다. 거래처의 배신을
   주의하라!
3. 자신의 감정으로 일을 그르칠 수 있다. 일과 감정의 구분을 명확히 해야
   한다. 취업준비생은 자신의 기분대로 움직이지 말라. 충분히 논리적으로
   지원할 회사와 자신의 처지를 살펴라.

LOVE

1. 연인 앞에서 체면 구길 일이 생긴다. 또는 자존심 상할 말을 듣게 되니
   마음의 준비를 하고 너그럽게 넘겨라. 헤어질 것이 아니라면 적당히
   넘기는 아량도 있어야 한다.
2. 연인 간 사소한 감정의 싸움이 일어난다. 양보하고 자중하라. 싸워서 남는
   것이 없는 전쟁일 뿐이다. 솔로에겐 별일 없는 시기가 된다.
3. 일에 매진하다 보니 연인이 멀어진다. 연인에게서 내가 차지하는 마음의
   비율이 줄어든다. 낮에는 일, 밤에는 연인을 챙기는 것이 중요하다.

5.THE HIEROPHANT.

MONEY

1. 금전적인 안정이 찾아온다. 큰 변화 없이 자금이 조금씩 늘어난다. 주변에 도움을 청하는 사람들이 많지만 어느 정도는 도와주고 거절할 것은 거절해야 한다.
2. 받을 돈이 있다면 연락해서 받고, 필요해서 도움을 받아야 한다면 직접 연락을 해서 받아야 한다. 본인이 움직이면 금전 문제는 해결된다. 하지만 미리 겁먹고 아무런 조치도 취하지 않는다면 얻는 것은 없을 것이다.
3. 돈 빌려줄 곳이 많이 생기거나 남에게 베풀어야 하는 일들이 생기니 어느 정도 적정 수준을 유지해야 한다. 자신의 주머니 사정을 항상 확인하고 지출하라.

WORK

1. 그동안 했던 일에서 성과가 나타난다. 이제야 인정받기 시작하니 명예가 높아진다. 취업준비생은 이제야 좋은 소식이 온다. 곧 취업이 될 듯하다.
2. 물질적인 면에 치중하지 말고 정신적인 교류를 만드는 게 사업의 성공이 된다. 인간관계를 우선시하여 일을 진행하면 좋은 일이 있을 것이다.
3. 윗사람의 우연한 도움이 나를 이끌어 주게 된다. 기회는 타인이 만들어 내게 소개시켜 주는 운이니 자신은 자신이 할 일들을 노력하며 지내면 된다. 동료들의 카운슬링을 할 일도 많아진다.

LOVE

1. 복잡한 마음을 어루만져줄 연인이다. 위로를 받을 수 있다. 솔로라면 이성의 동료에게 상담을 요청하라. 그것이 인연이 될 것이다.
2. 서로에게 관대하고 이해하는 마음이 더욱 두 사람의 관계를 돈독히 한다. 지금은 마음이 잘 맞는 시기로 어려움이 있었다면 해결될 것이고 좋은 관계였다면 행복한 시기를 맞게 될 것이다.
3. 연인과 스킨십보다는 조금 더 정신적인 교감이 필요한 시기이다. 상대가 내게 마음을 의지 할 수 있도록 상대의 말에 귀 기울여 주어야 한다.

MONEY

1. 주변에 금전 관련 부탁을 하지 않는 것이 좋다. 해결은 되지 않고
   자존심만 상하게 된다. 빌려준 작은 돈은 밀려서 다음 기회로 늦어진다.
2. 돈 문제로 자존심을 상하게 되니 생각 없이 하는 약속을 만들지 말라.
   선물이나 한 턱을 내는 등의 헛약속으로 마음을 상하게 된다. 돈 관련
   문제에 대해 함부로 말하지 않아야 한다.
3. 이래저래 빌려주고 돌려 달라고 말하기 어렵다. 상대는 아무 생각 없는데
   내 마음은 상하기만 한다. 왜 빌려주고 다리를 뻗지 못할까. 또는 사소한
   독촉에 스트레스만 쌓인다.

WORK

1. 사람들과 이해관계가 멀어지고 신뢰관계 역시 무너지게 된다. 이때에는
   상대를 믿고 일을 추진하는 것은 무리가 있다. 분쟁의 기미가 보이는
   일들은 모두 피해가면서 해야 한다.
2. 자존심을 죽이고 고개를 숙여야 할 때다. 지금은 뜻대로 되는 일은 없다.
   괜히 나서면 자존심과 명예가 상할 일만 생긴다. 취업준비생은 다음
   기회를 기대하는 게 좋다.
3. 정신적으로 힘들고 스트레스가 많이 쌓일 때이다. 가벼운 운동이나
   체조를 쉬는 시간에 화장실에서라도 잠시 해야 한다. 짜증이 쌓인
   상태에서는 어느 것 하나 제대로 할 수 없다.

LOVE

1. 서로 상처를 주기 쉬운 상태이다. 마음은 여린데 행동도 미숙하다. 위험한
   기간에는 차라리 만나지 않는 것이 좋다.
2. 손자를 너무 귀여워해주면 할아버지의 턱수염을 뽑는다. 그동안 방관했던
   연인의 나쁜 버릇이 더 이상 참을 수 없게 된다. 마음을 다스려야 한다.
3. 자존심이 상할 일이 많아진다. 데이트 중에 쿠폰 내밀지 말라. 서로에게
   실망할 일은 피하는 것이 좋다. 작게 끝날 수도 있지만 오래가는 마음의
   상처가 되기도 한다.

6.THE LOVERS.

MONEY

1. 돈을 목적으로 한 교섭이 원활하고 빌려준 돈을 돌려받는 것이나, 투자에는 이로운 시기이다. 필요한 돈은 주변 사람에게 부탁하면 해결될 듯하다.
2. 낙천적인 생각으로 금전에 대해 편안해지는 시기이다. 작은 이익과 작은 지출로 조화롭다. 또는 이성에 의한 지출이 많아지기도 한다.
3. 금전운이 좋아진다. 투자나 금전을 불리는 것에 대한 좋은 정보를 듣기도 한다. 이성으로 인한 지출만 조심하면 일단 금전운은 좋다. 단, 이성교제가 많으면 금전이 줄어든다.

WORK

1. 새로운 거래처와 거래를 성사시킬 수 있다. 하지만 너무 나태해질 수 있다. 직장 내에서의 분위기도 좋아진다. 취업준비생에겐 좋은 회사가 나타날 수 있다.
2. 직장 내에서 동료와 윗사람 간에 조화가 깊어진다. 회식자리에 자주 참석하라. 나를 미워하는 줄 알았던 사람의 진실을 알게 될 수도 있다.
3. 함께 일하자는 사람들이 생기고 새로운 일들이 생기기 시작하니 마음 맞는 사람들을 골라 일을 진행하면 좋은 결과를 낼 수 있다. 만나는 사람들을 주시하고 관찰해야 한다.

LOVE

1. 연애운에 Love 카드가 나오니 더 이상 물을 것도 없다. 연애를 시도한다면 원하는 대로 대시하라. 단, 집에 가만히 있는 사람에겐 어떠한 혜택도 없다.
2. 연애운이 최고조이다. 새로운 연인을 만드는 것에서부터 기존의 연인과의 궁합도 좋아진다. 연인과 함께하는 시간을 늘려라.

(R)
reverse

MONEY

1. 금전관계로 대인관계에 문제가 생기니 주의할 것! 받기로 했던 돈들이 제때 들어오지 않아 스트레스가 많아진다. 마음을 넓게 가지고 지내는 것이 좋다.
2. 돈 문제가 생긴다면 잠시 인내해야 한다. 돈을 빌리려 한다면 구하기는 어렵고 소문만 나서 인간관계만 멀어진다. 차용이나 대출은 이때를 지나서 시도하라.
3. 금전의 신뢰관계가 무너진다. 빌려준 돈, 남의 말을 듣고 투자한 돈 등은 회수하기 어려워진다. 가만히 금전 문제에 대해서 침묵하고 지나가길 기다리는 것이 좋다.

WORK

1. 대인관계를 주의하라. 상대의 마음이 내 마음과 같지 않다. 잘 진행되던 거래처와의 협상이 결렬될 수 있다. 취업준비생은 한 곳만 믿고 기다리지 말고 여러 곳에 지원하라.
2. 승진시험 등에 떨어질 수 있다. 미리 노력해 놓아야 한다. 동료 간에 사소한 일로 배신감을 느낄 수 있다. 취업준비생은 될 것 같았던 곳이 미뤄진다.
3. 직장과 사업체에서 사람들과 트러블이 생긴다. 그동안 안정권이었던 사람들조차 서운한 관계가 되기도 한다. 주의하는 게 좋다.

LOVE

1. 상대를 신뢰하지 못하게 된다. 두 사람의 관계를 다른 사람이 간섭해서 마음만 어지럽힌다. 변덕스런 상대에게 대처하지 못하는 괴로움을 겪는다.
2. 서로 마음이 멀어져 간다. 사소한 문제들로 더 이상 상대의 목소리가 음악으로 들리지 않는다. 상대의 말이 소음으로 들릴 때, 이제 헤어질 때가 된 것이다.
3. 아마도 당신의 연인은 바람을 피우고 있지 않을까? 또는 그동안 소원했던 관계로 인해 이제 헤어지는 시기가 온 것일까? 나를 사랑하는 것보다 나로 이익을 보려는 이성만 만나게 된다.

7.THE CHARIOT.

MONEY

1. 그동안의 역경을 벗어난다. 돈에 대해 양단간에 결정할 일이 생긴다. 그러나 세심하게 살펴서 결정해야 할 것이다. 작은 투자를 한 것이 있다면 기쁜 소식을 듣게 된다.
2. 새로운 자금이 들어오니 그로 인해 두 가지의 수익이 생기게 된다. 자금 관련하여 사람들을 많이 만나는 것이 이롭다.
3. 새로운 자금이 유입되고 또 지출이 생긴다. 돈이 크게 움직이며 손해는 생기지 않는다. 특히 여비에 지출이 많으나 그만한 이익이 따른다.

WORK

1. 이직, 출장 등의 운이 강하다. 또는 그동안 진행했던 일들이 드디어 성공하게 된다. 취업준비생은 먼 곳을 지원하는 게 좋다. 먼 곳에서의 좋은 소식도 기대해 보라.
2. 지금까지의 억압에서 벗어나게 된다. 또는 이직할 운도 같이 들어있다. 하는 일이 막힌다면 밖에서 활동하라. 진취적인 행동이 성취를 부른다.
3. 출장과 여행, 그리고 새로운 프로젝트를 시작할 운이 돌아왔다. 내년을 기약하는 새로운 일은 당신에게 기회가 될 것이다.

LOVE

1. 그동안 끌어왔던 연애가 이제 이루어진다. 또는 두 사람이 함께 여행할 일이 생긴다. 작게 고민거리 등 이벤트들이 작용한다. 마음을 잘 추스를 것.
2. 연인과 잠시 헤어져 있게 되거나, 헤어짐과 새로운 만남이 교차된다. 또는 양다리를 걸치는 사태가 벌어진다. 그 외에는 연인과 먼 여행을 다녀오게 될 수 있다.
3. 두 사람 중에 한 사람을 선택해야 하는 기로에 서기도 한다. 어느 쪽이든 자신이 원하는 쪽을 선택하면 될 것이다. 자신에게 이로운 때이니 타인에 대한 배려보다는 자신이 이끌리는 쪽으로 움직이는 것이 좋다.

MONEY

1. 양쪽으로 균형에 맞는 지출을 해야 하지만 급한 마음에 실수를 저지를 수도 있다. 지름신 부터 퇴치해야 편안해진다. 출퇴근길에 지갑 주의!
2. 큰돈은 지연되고 움직일 돈은 부족하니 자리를 지키고 가만히 있는 것이 좋다. 큰 수익을 기대하지 말고 아직 기다려야 한다. 나쁜 것보다는 아직 시기가 닿지 않았기 때문이다.
3. 거의 다 온 목표에서 금전적 이익이 무너져 내린다. 갑작스런 일로 들어온 돈이 모두 나가버린다. 수익과 지출을 침착하게 재정비해야 한다.

WORK

1. 출장은 연기되고 이직도 불리해진다. 상황이 좋지 않으니 직장을 그만두지 말라. 추진하는 일들은 장애가 많으니 조금은 상황을 지켜봐야 한다.
2. 회사를 그만두고 싶어진다. 그러나 막상 갈 곳은 없다. 조금 더 참는 것이 좋다. 내가 회사를 다니기 싫은 것이지, 회사가 나를 싫어하는 것이 아니다. 이직의 운은 나쁘다.
3. 취업준비생은 취업을 포기하고 장사를 할 생각인가? 아직 기다려야 한다. 당신의 취업운이 남아 있다.

LOVE

1. 양다리였다면 문제가 생기고, 만약 헤어지는 과정 중에 있다면 헤어지지 못한다. 연애관계에서 어떤 문제를 해결하려 하지 말라.
2. 헤어진 연인에게 미련이 남아 마음이 방황할 때가 된다. 연인과 헤어지려고 마음을 먹지만 헤어지지 못한다. 드라이브 약속을 지킬 수 없게 된다.
3. 결정적인 순간에 연애는 깨지게 된다. 잘 해결되었을 것 같은 관계가 너무 꼬여 있는 것으로 본인만 모르고 있었을 수 있다. 좀 더 마음을 열고 상대와 대화를 해보는 것은 어떨까?

8.STRENGTH.

MONEY

1. 금전 에너지가 강해지고 있다. 이럴 때 투자하고 이럴 때 돈을 돌려받아라.
   돌아오지 않던 것도 들어오게 된다.
2. 이럴 때 돈을 구하는 일이나 모으는 일, 투자 등에는 이롭다. 다만 주기가
   짧으니 속전속결하는 것이 좋다.
3. 충분한 자금력이 받쳐주게 된다. 돈을 구하려면 은행권 등에서만 구하라.
   사채를 쓴다면 사자의 입에 손을 넣는 것과 같다.

WORK

1. 거래의 성립, 취업의 성공, 프로젝트의 성공 등 직장운이 상승하고 있다.
   힘을 내어 도전하고 마무리할 일은 때를 놓치지 말고 도전하는 게 좋다.
2. 업무를 추진하는 에너지가 넘치는 시기가 될 것이다. 열성을 다하는 만큼
   성취가 이루어진다. 단, 둘 중의 하나를 선택하는 기로에서 자신이 정말
   잘할 수 있는 것을 선택해야 한다.
3. 주의해야 할 것은 스스로 오버센스하는 것이다. 많이 하는 것보다 하나를
   더 정확하게 하는 것이 중요하다.

LOVE

1. 도도해 보이는 그녀가 마음을 연다. 그녀 앞에서 약간의 과시를 할
   필요가 있다. 선의의 거짓말이 때론 도움이 되기도 한다. 그러나 모든 것은
   적당히!
2. 그동안 조절이 안 되던 연애관계가 이제야 조금은 뜻대로 조절이 되기
   시작한다. 너무 오버하지만 않는다면 연인 간에 좋은 시기로 볼 수 있다.
   간만에 좋은 운이라고 너무 오버하면 그로 인해 나중에 곤란에 빠지게
   된다.
3. 연애운은 상승하고 있지만 막상 잘되고 있는 연애를 어떻게 진행해야
   할지를 몰라 어영부영 시간만 보내고 있을 수도 있다. 이럴 때 자신이
   원하는 방향으로 연애를 이끌어야 한다.

MONEY

1. 유흥비 지출과 무절제한 소비가 어우러져 상당한 지출이 예상된다. 게다가 돈을 빌리려는 사람들이 주위에 많다. 힘을 아껴라. 낭비의 피해는 자신이 입는다.
2. 사자의 입에 손을 넣는 것 같이 자신의 힘을 과용해서 위험한 일에 손을 댄다. 자신들의 역량을 정확하게 분석하라.
3. 예산을 계획할 때 자신이 예상하는 것보다 많이 책정해야 한다. 갑자기 자금이 부족해지는 수가 있다.

WORK

1. 직장 내에서 무기력함으로 원성을 들을 수 있다. 마치 정신이 콩밭에 가 있는 것처럼 무기력하고 나약해진다. 태만의 유혹을 극복하기 힘들다.
2. 초반부터 너무 달리지 말라. 중반이 되기 전에 지쳐서 혼자만 힘들다. 취업준비생은 이력서에 중요한 경력만 넣어라. 과도한 경력은 오해를 받는다.
3. 힘을 남용하지 말라. 자신을 과신해서 벌이는 일들이 수렁에 빠지게 만들 수 있다.

LOVE

1. 연인 앞에서 오버하다 망신당할 수 있으니 주의할 것! 과욕은 금물이며 상대와 호흡을 맞춰가며 한 걸음씩 가야한다. 다툼이 생긴다면 화해에 필요한 시간이 길어진다.
2. 연애가 귀찮아진다. 만나는 것도 귀찮고 시간을 내는 것도 귀찮다. 무기력한 기간이 지나가야 예전의 감정을 되찾을 수 있다. 유흥업소 출입을 삼가는 것이 좋다.
3. 망신을 당할 수도 있다. 오버액션은 상대가 불편할 수도 있으니 자중하고 조용히 지내는 것이 좋다.

9.THE HERMIT.

MONEY

1. 돈을 감추라. 남에게 있는 티를 내봐야 돈만 나갈 뿐이다.
2. 신중하게 선택하면서 시기를 기다리는 것이 좋다.
3. 신중한 판단으로 자신의 전문분야에 투자하면 이롭다. 다른 분야로는
   상당한 자제력이 필요하다. 자금을 남들에게 보이지 않도록 숨기는 것이
   중요하다.

WORK

1. 신중하게 일을 해나가야 한다. 새로운 일을 과거에 해왔던 듯이 하다가는
   실패하게 된다. 한 걸음씩 두드려 보면서 가는 지혜가 필요하다.
   취업준비생은 지원 회사에 대해 잘 알아볼 것.
2. 직장이나 사업체에서 비밀을 잘 지켜야 한다. 동료의 비밀을 누설하지
   말라. 신중한 처신이 이익을 부른다.
3. 일은 신중하고 비밀스럽게 진행해야 한다. 겉으로 드러내면 경쟁자가
   늘어나거나 원하는 이익을 볼 수 없게 된다. 마음과 행동을 감추고
   근신하듯 일해야 한다.

LOVE

1. 상대의 마음을 이해하라. 비밀을 털어 놓으면 사이가 틀어진다. 아직은
   비밀을 간직해야 한다. 아니면 새로운 비밀이 생기게 된다.
2. 자신의 신중함과 분별력으로 연인에게 도움이 되어 주는 것이 좋다. 또는
   짝사랑하는 상대 앞에서 자신의 마음이 들키지 않도록 오버하는 경향이
   있다.
3. 남들이 모르는 연애를 하게 될지도 모른다. 사내연애나 친구들 사이에서
   몰래 연애하는 것과 같다. 그러나 지금 연인이 있는 사람이라면 자신이나
   연인에게 비밀이 생긴다. 연인의 이기심, 또는 양다리가 드러나 심하게
   싸우거나 배신감을 느낄 수도 있다.

MONEY

1. 경솔하고 조급하게 돈을 구하지 말라. 차후에 후회할 일이 생긴다.
   빌려주는 것도 위험하다. 이럴 땐 독촉장도 못 본 척하고 사는 게 좋다.
2. 신중하지 못한 처신과 지출로 자꾸 자금이 나가버린다. 정작 내가 필요한
   것에 쓸 자금이 부족해진다.
3. 불확실한 정보로 나에게 조언한다. 타인의 말만 믿고 투자하면 돌려받기
   힘들어진다. 타인의 말에 흔들리다가 정작 자신이 봐둔 것에는 투자하는
   시기를 놓치게 된다.

WORK

1. 꼭꼭 감춘 것 같은 비밀이 드러나게 된다. 업무상 비리가 있다면 상당히
   위험한 시기이다. 직장에서 구설을 주의하라. 당신의 사생활이 가십거리가
   된다.
2. 당신의 조급함이 일을 망치거나 지나치게 신중한 나머지 우유부단해지는
   바람에 일을 망치게 된다. 무엇이든 첫 번째 결정한 것이 옳다.
3. 비밀이 드러나는 것을 주의해야 한다. 둘만이 한 일을 회사 전체가 알고
   있게 된다. 이럴 때는 말조심을 하는 것이 이롭고 농담이라도 남의 일을
   이야기하지 말라.

LOVE

1. 비밀이 드러나게 되니 만약 양다리라면 들키고, 짝사랑하던 상대에게
   짝사랑하는 사람은 고백할 타이밍을 찾게 된다. 소개팅을 나가면 갓 나온
   히키코모리를 만나게 된다.
2. 자신이 하고 있던 것들이 드러나게 되니 유흥업소에 출입하다가는
   집중단속에 걸린다.
3. 연인의 비밀을 알게 되면 결과는 두 가지이다. 인내하든지 헤어지든지.

MONEY

1. 나간 돈이 돌아오고 금전적인 이익이 쌓이기 시작한다. 준비해 놓은 것이 없다면 오히려 금전운이 더 나빠질 수 있다. 주의할 것!
2. 돌아올 돈을 돌아오고 나갈 돈은 나간다. 절약한 사람은 큰 이익을 볼 것이고 낭비한 사람은 큰 손해를 보는 아주 당연한 진리의 운이다.
3. 이것은 흐름이다. 당신은 지금 상황이 좋아지는 주기에 속해 있다.

WORK

1. 쌓아올린 만큼 거두어들이는 때가 된다. 게으름을 부린 자에겐 소득이 없고 부지런한 자에겐 소득이 있는 시기이다. 취업준비생은 곧 좋은 소식이 온다.
2. 자신이 꼭 해야 할 일을 해낸다. 이는 정해진 운명처럼 지나가는 과정이다. 나쁜 일이든 좋은 일이든 겸허하게 끝까지 책임져라. 취업준비생은 자신과 인연이 닿는 회사가 나타난다.
3. 지금 다니는 직장이 자신의 자리이다. 이직을 생각한다면 참는 것이 좋을 듯하다. 중년이 넘은 사람이라면 이직할 수 있으나 중년 이전이라면 지금의 자리가 좋다.

LOVE

1. 연애의 숙명에 따르게 된다. 결혼, 약혼, 혹은 너무 많은 시간을 지체한 필연적인 이별을 경험하게 된다. 솔로는 운명의 상대를 만날지도 모른다. 처음부터 불붙는 관계가 아니다.
2. 연인의 알 수 없는 마음이 이제야 드러나 알 수 있게 된다. 단지 그것이 좋은 것인지 나쁜 것인지는 판도라의 상자와 같다. 단지 알 수만 있게 된다는 뜻이다.
3. 운명의 짝을 만나거나 소개팅에서 마음에 쏙 드는 이성을 만나게 된다. 그리고 조바심을 내지 않아도 친하게 지내게 될 것이다. 무언가 인연을 만나는 운명이 돌고 있다.

MONEY

1. 들어올 돈은 늦게 들어오고 나갈 돈은 빨리 나가게 된다. 돈과 관련해 좋지 않은 일들이 작게 일어나니 주의할 것!
2. 자신의 수준에서 생각보다 많은 돈이 지출된다. 그러므로 어느 것을 먼저 지출할지부터 잘 선택하고 지출하라.
3. 주변의 상황이 좋지 않게 돌아간다. 이는 내가 투자하고 싶어도 시기가 좋지 않음을 이야기 한다. 예기치 않은 방해와 나와 상대의 다른 의견이 금전의 손실을 만들어 낸다.

WORK

1. 그동안 순탄하던 일에 방해가 나타난다. 새로운 경쟁자나 프로젝트 조건의 변경 등 자꾸 순리대로 가던 일에 브레이크가 걸린다. 방심하지 말고 대처해야 한다.
2. 당연히 될 일들이 지연되고 있다. 급하게 서둘지 말라. 이것은 큰 흐름이 문제가 되는 것이지 개인적인 능력이 문제가 되는 것은 아니다. 취업준비생도 마찬가지이다.
3. 직장 내에서 하극상이 일어날 수 있다. 아끼는 후배가 내 뒤통수를 때리니 그저 눈물만 나게 된다. 유난히 직장을 다니기 싫어지니 주의할 것!

LOVE

1. 지금의 상대는 운명적인 상대가 아니다. 이는 곧 헤어짐을 의미한다. 엉뚱한 일로 오해를 받고 이별까지 하게 될 수 있다. 주의하라!
2. 함께하면 점점 나빠지는 사람과 헤어지지 못하니 운명이 거꾸로 돌아 불행하다. 불행의 사슬을 끊는 것은 그 사람과 헤어지는 길뿐이다.
3. 주변의 만류를 듣지 않고 연애에 치중하다 문제가 생길 수 있다. 지금은 조금 신중해야 한다. 이 시기의 연애는 당신에게 치명적인 영향을 미친다.

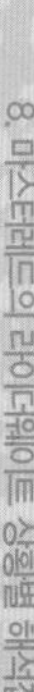

11.JUSTICE.

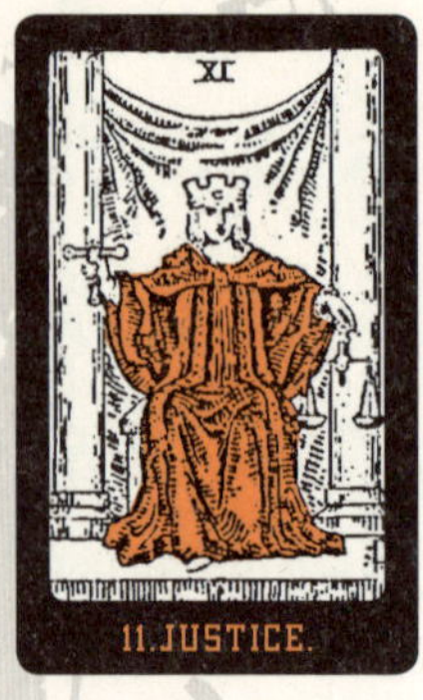

MONEY

1. 수입과 지출의 평형선, 안정감 있는 기간이다. 적절하게 들어온 수입이
   조금 쌓이고 필요한 곳에만 지출하게 된다.
2. 결정해야 할 사안이 생긴다. 투자를 할 것인지 말 것인지, 이것을 구입할 것인지
   말 것인지, 순수하게 자신의 직감을 따라 결정하면 좋은 결과를 얻는다.
3. 위험한 투자인가 아니면 안전한 적금인가? 자신이 남들의 도움 없이 할
   수 있는 것이 유리하다. 또 그동안 들어올 자금이 미뤄지고 있었다면 이제
   자금이 들어오게 된다.

WORK

1. 그동안 자신이 해온 것에 따라 이제 결과가 나타나는 시기이다. 쌓아놓은 것이
   많다면 이익이 생길 것이고, 게으르게 기다리고 있었다면 아무것도 이룬 것이
   없다.
2. 사리에 맞는 판단과 적절한 조치로 직장에서 좋은 일이 생긴다. 거래처와
   드디어 교섭이 이루어진다. 취업준비생은 이제야 미루던 취업 결정이
   나온다. 기다림의 승리가 된다.
3. 그동안 밀려왔던 일이 있었다면 이제는 결정이 날 시기이다. 모든 일이
   분명하게 드러나 좋고 나쁨이 결정되는 때이다. 또는 직장을 그만두고
   다른 회사에 취업을 시도하기도 한다.

LOVE

1. 이제 서로에 대한 믿음으로 관계를 확고히 다져가야 할 때이다. 이제
   망설이지 말고 함께 미래를 꿈꾸는 것도 좋을 듯하다.
2. 마음의 준비를 하는 것이 좋다. 연애에 관련된 애매한 일들이 좋은 쪽이든
   나쁜 쪽이든 이제 결정을 하게 되는 시기이다. 자의든 타의든 그 결정이
   서운하든, 행복하든 결과를 받아들여야 한다.
3. 연인으로 남을지 이제 헤어질지에 대한 판단과 또는 상대방의 쌓여있는
   거짓을 이제 더 못 봐주는 시기가 되기도 한다. 칼을 뽑는 사람은 당신이
   된다. 그리고 헤어지자고 말한 사람은 헤어진다.

MONEY

1 고집부린 투자가 손실을 입힌다. 주변의 말을 듣고 깊이 생각해야 한다. 돈에 판단력이 흐려지니 사람 사이에 오해가 생긴다.

2. 불공평한 이익분배는 내 주변의 사람을 잃게 만든다. 줄 것은 주고, 받을 것을 받아라. 옹졸한 행동은 결국 나에게 피해만 입힐 것이다.

3. 자신이 확실하다고 생각하는 것을 타인에게 이야기해 보라, 어쩌면 논리에 맞지 않는 일에 당신은 투자를 계획하고 있는지 모른다. 그러나 당신은 스스로의 고집에 파묻혀 주변의 말을 듣지 않을 것이다.

WORK

1. 망설임이 많은 시기. 이럴까 저럴까 일에 대해 확실한 신념이 바로서지 않는 시기이다. 판단을 유보하는 것이 좋다. 그래야만 위험한 시기를 조용히 넘길 수 있다.

2. 우유부단함이 일을 망친다. 신중한 것도 좋지만 결정이란 것은 타이밍과 상당한 연계성을 가지고 있다. 옳다고 생각한 일을 따르라. 취업준비생은 업종 구분부터 다시 생각해 봐야 한다.

3. 실수로 오판하면 그 여파가 적지 않다. 주변의 이야기를 잘 듣고 다음 시기에 결정해야 한다. 취업준비생은 연락이 늦게 온다.

LOVE

1. 고집불통의 상대, 아무리 말해도 풀리지 않는다. 상대의 옹졸함에 상처받게 된다. 불협화음이 일어나는 기간에는 만나는 것 자체도 조심하라. 옹졸해지는 기간에 너무 많은 것을 이야기 하지 말라. 나중에 후회할 말만 나누게 된다.

2. 누군가 뒤에서 엉뚱한 소릴 하는 바람에 오해를 사게 된다. 또는 단순한 친구를 만났을 뿐인데 숨겨둔 애인으로 오해받는다. 오이 밭에서 신발 끈 매지 마라. 뒤처리가 더 힘들다.

3. 두 사람을 놓고 갈팡질팡한 끝에 자신과 인연이 아닌 사람을 선택하게 된다. 쓸데없이 신중한 것이 오히려 독이 된다.

12.THE HANGED MAN.

MONEY

1. 빚이 많다면 자포자기하며 괴로워한다. 그러나 그렇게라도 시간을 보내면
   새로운 기회가 찾아올 것이다. 함부로 움직이면 손실만 생기게 된다.
2. 아직 돈 문제가 풀리지 않는다. 막막하기만 하다. 하지만 탈출구가 곧
   나타난다. 또 금전 문제는 시기가 지나고 나면 오히려 도움이 된다고
   생각해야 한다.
3. 인내가 필요한 시기. 돈의 압박은 밀려오지만 그래도 조금 더 견뎌야 한다.
   침착하게 압박이 오는 이유부터 파고 들어가야 한다.

WORK

1. 담담히 지금의 삶을 이어가면 기회는 반드시 찾아온다. 직장에서
   그만두고 싶을 만큼 참기 힘들다면 휴가를 내어 여행을 가는 것도 좋다.
   회사를 옮기고 싶지만 아직은 때가 되지 않았다.
2. '참을 인' 자 셋이면 살인도 면한다는데, 밥줄 잡고 버티는 것에 참을
   '인' 자 두 개만 쓰면 된다.
3. 지금은 일이 잘못된 것이 아니라 운이 막혀 잠시 정체되어 있는 때이다.
   경거망동은 해결책이 아니라 나중에 자신을 더 속박하게 만든다.

LOVE

1. 상대에게 매달려 있는 운이다. 변화를 포기하고 인내하고, 자포자기하며
   상대를 따르게 된다. 이런 상황을 바로 잡기에는 아직 시기가 좋지 않다.
   기다려라.
2. 인내하고 또 인내해야 한다. 상대를 설득하는 것보다 들어주고 상대의
   의견을 더 따라야 하는 것이 중요하다. 내 마음과 같지 않아 신경 쓰이고
   참아야 할 일만 있다.
3. 일이 꼬이는데 연애도 꼬인다. 참아야 한다. 나에게 불행한 운이므로
   조용히 기다리면 무사히 지나간다. 연인 간에 참아야 할 일이 많다.

MONEY

1. 묶인 자금이 풀리게 된다. 지연되고 말로만 진행되던 금전이 이제
   움직임이 생긴다. 들어오는 자금을 잘 묶어두어야 한다.
2. 마지못해 쓰는 돈은 쓰고도 욕먹게 한다. 불평도 적당히, 어쩔 수 없는
   지출이 많다.
3. 지금은 지출을 하지 않는 것이 좋다. 자신에게 불리한 지출만 생길 때이다.

WORK

1. 연락되지 않았거나 다른 일에 치여 진행되지 않았던 일들이 숙제가
   해결되듯 하나씩 풀려나간다. 이럴 때는 일을 미루지 말고 빠르게
   풀어가는 것이 중요하다. 취업준비생도 취업이 될 것이다.
2. 선입견은 새로운 일을 시작하는 데 걸림돌이 된다. 어쩌면 일로 인해
   지출한 돈들이 소용없는 돈이 될 수도 있다.
3. 인내하고 묶여 있던 자신이 이제 사슬에서 풀려나 일을 시작할 수 있게
   된다. 정신을 바짝 차리고 열심히 움직이면 확실한 성과를 올릴 수 있다.

LOVE

1. 그동안 문제가 있었던 커플들은 이번 주에 문제들이 해결되고 오해가
   있었다면 풀리게 된다. 솔로에게는 소개팅의 기회가 주어질 수도 있다.
2. 답답하게 묶여 있던 연애관계가 풀리니 많은 데이트와 만남을 가져야
   한다. 솔로는 소개팅에 나가면 그럭저럭한 인연을 만나게 될 것이다.
3. 비밀연애를 하고 있다면 이제 겉으로 드러나게 되어 주변 사람들의
   입방아에 오르내리게 될 것이다. 마음의 준비가 필요하다.

13.DEATH.

MONEY

1. 그동안 연체된 것이나 대출금에 시달렸다면 이제야 그 관계가 끝나고 새로운 금전운이 시작된다. 또는 유산을 받을 가능성이 있다.
2. 기존의 금전관계가 끝나고 새로운 관계가 형성된다. 어쩌면 받을 돈을 포기하고 나서야 새로운 돈이 들어오게 된다는 뜻이기도 하다. 마음을 어떻게 먹는가에 따라 운이 뒤바뀐다.
3. 재정적인 손실이 크게 일어난다. 돈 문제로 친구나 연인을 잃을 수 있으므로 주의하라! 이런 운세에는 눈 감고 귀 막고 지내는 게 좋다.

WORK

1. 어쩌면 지금 회사를 그만두게 될 수도 있다. 또는 진행해오던 일이 끝나고 새로운 업무를 맞게 될 수도 있다. 취업 준비생은 소식을 기다리던 중이라면 오지 않을 것이다.
2. 예기치 않은 변화가 예상된다. 직장 내 변화의 기류를 읽어야 한다. 오래된 직장 내의 관습이 바뀌기 시작한다. 이런 때에는 승진과 명퇴도 생길 수 있다.
3. 한 번에 밀어닥치기 전에 미리 분산시키려 하는데 그것이 잘 되지 않는다. 일이 불안정하게 진행되므로 초조함을 버리고 그냥 눈앞의 일만 하나씩 처리하는 것이 좋다.

LOVE

1. 기존의 관계가 끊어지거나 어려웠던 시기가 끝나 새로운 출발을 하게 된다. 그 어느 쪽이든 자신에게 이롭게 작용할 것이다.
2. 예기치 않는 변화가 일어나게 된다. 또는 헤어짐이 예상된다. 그리고 새로운 연인이 나타날 가능성이 있다. 그러나 이것들은 기존에 연인이 있었던 사람만 해당되는 것이다.
3. 사이가 나빴던 연인이라면 둘 중의 하나. 헤어지거나 과거를 청산하고 새로운 기분으로 만나게 되는 일이 일어나게 될 것이다. 연인이 없다면 평소보다 더 외롭다.

MONEY

1. 금전운이 되살아난다. 거의 코너에 몰렸었지만 새로운 기회로 인해 서서히 풀려나가게 된다. 그러나 안심해서 낭비를 한다면 다시 수렁에 빠지게 된다. 주의할 것!
2. 극단적인 재정상태가 되어야 숨통이 열릴 기회가 찾아온다. 그 시기는 예상할 수 없다.
3. 만약 이런 나쁜 재정 상황에서도 낭비를 일삼고 있다면 파산할 수도 있다.

WORK

1. 끝난 줄 알았던 일들이 다시 문젯거리를 들고 고개를 쳐든다. 스트레스가 밀려오지만 본인만이 해결할 일이다. 침착하게 계단을 올라가듯 하나씩 해결하면 좋은 결과가 생긴다.
2. 지금은 과거의 일을 마무리하고 새로운 일을 준비해야 할 때이다. 그럼에도 불구하고 마음이 불안하고 괴로워 자꾸 일을 시작하려 한다면 그 일은 성사되지 않을 것이다.
3. 직장을 다니기 싫어지고 고민만 늘어난다. 하지만 옮길 곳도 마땅치 않아 한숨만 쉴 뿐이다. 지금은 힘들어도 참는 것이 이롭다.

LOVE

1. 두 사람의 사이에서 생길 악운이 아슬아슬하게 비껴나가게 된다. 한숨을 쉬고 이제 안심하라.
2. 끝난 듯하지만 끝나지 않는, 미련이 많이 남는 연애이다. 스스로 마음을 잘 다스려야 관계를 더 이어갈지 여기서 끝내야 할지 냉정한 판단을 할 수 있다. 타인의 시선을 이용해서 자신을 바라보라.
3. 연인이 아프거나 혹은 헤어진 연인이 나타나 심란해진다. 헤어진 연인으로부터 다시 연락이 오니 멀쩡하던 가슴이 답답해진다. 과거의 연인이 그립지 않거든 휴대폰 번호부터 바꿔라.

14.TEMPERANCE.

MONEY

1. 절약의 시기, 자신이 스스로 잘 절제하게 될 것이다. 수입과 지출이
   균형을 이루는 좋은 시기, 그러나 인색해지는 경우도 생긴다.
2. 안정적인 재정을 위해 신경을 많이 써야 한다. 고민한 만큼 안정은 오래간다.
3. 수익을 늘리기 위한 계획을 새로 짜보는 것도 좋은 시기이다. 조금만
   신경을 쓴다면 더 많은 이익을 보게 될 것이다.

WORK

1. 직장운이 좋아진다. 자신이 맡은 일을 잘 해내어 주위로부터 인정을 받을
   수도 있고 개인사업체라면 꾸준한 이익이 나타나게 된다. 이것은 자신이
   절약하고 조절하는 것에 게으르지 않았기 때문이다. 취업준비생에게는
   기쁜 소식이 온다.
2. 직장에서 협상이나 관리, 대인관계에 일들이 많이 생기고, 또 스스로 잘
   해결해 나가게 될 것이다. 신경 쓰는 일들이 많지만 그만한 노력에 좋은
   결과를 얻을 수 있으니 지쳐도 열심히 일해야 한다.
3. 직장의 일에서 균형이 맞춰져 간다. 스스로 조율하라. 사람들이 의견을
   따라온다.

LOVE

1. 연애는 낚시와 비슷한 점이 참 많다. 처음부터 모든 것을 맡기기엔 사랑은
   변질될 가능성이 많다. 그렇다고 너무 보이지 않으면 그 상대는 떠날
   것이다. 무엇이든지 적당히 조율하는 마음이 필요하다. 성급하지 않게
   서서히 다가가는 게 좋다.
2. 상대의 마음을 알기 위해선 요괴인간이 아닌 다음에야 대화가 필요한 것이다.
   행동으로 반응을 살피지 말고 차분하게 대화를 많이 하면 좋은 일이 생긴다.
3. 관계에서 모든 것을 퍼주는 것도, 그렇다고 주지 않는 것도 모두 문제가
   된다. 그렇다고 상대방이 원하는 것만 준다는 것도 역시 비만아를 키우는
   것과 같다. 사랑도 음식과 같다는 것을 잊지 말라.

MONEY

1. 금전적인 부분에서의 불화가 예상되는 시기. 타인과 나눌 돈이 있다면 한 발 양보하는 것은 어떨지. 돈 문제로 인해 가족, 친구 등 주변 사람들과의 분란을 주의해야 한다.
2. 돈 문제로 사람들과 말싸움이 날 수 있다. 빌려주는 것, 인맥을 포기하고 돌려받는 것, 타인과 돈 문제로 상의하면 소문이 난다.
3. 자금의 조절에 실패하다. 자금에 의한 고통에 시달리게 된다.

WORK

1. 거래처나 직원 간에 다른 의견 문제로 관계가 나빠질 수 있다. 주변과 조화가 잘 되지 않아 불편한 관계를 많이 만들게 된다. 취업준비생은 기대만큼의 회사인지 꼭 확인하고 넘어가야 한다.
2. 직장 내 불협화음으로 인해 우울한 시기, 이것저것 작은 일부터 하나씩 트러블이 발생한다. 다투지 말라. 나쁜운은 지나가기 마련이다. 참는 것이 다음을 위해 좋을 것이다.
3. 회사 일과 개인적인 일, 두 가지의 균형이 깨져 곤란한 일들이 생길 수 있다. 자기관리에 힘써야 하고 개인 일을 회사에서 하는 것은 주의해야 한다.

LOVE

1. 동상이몽. 서로 다른 마음으로 만나니 대화가 섞이질 못한다. 감정조절이 안 되니 사소한 실수도 짜증이 나게 된다. 잠시 만나는 것을 미루는 게 이롭다.
2. 방심하지 말라. 쉽게 생각하면 오히려 꼬이니 새로운 것에 대해 조율하거나 화해를 시도하지 말고 지루하게 끄는 것이 좋다. 새로운 인연은 없다.
3. 상대를 이해하지 못하는 것이 서로에게 장애가 될 것이다. 자신의 이야기만 하지 말고 상대의 말에 귀 기울이는 것이 필요하다.

15.THE DEVIL.

MONEY

1. 돈 앞에서 비굴해진다. 금전운이 떨어지기 시작하나 본인은 인정하지
   않는다. 여기저기에서 불법적인 돈에 대한 유혹이 생긴다.
2. 투자를 받지 않는 것이 좋다. 그 돈으로 인해 앞으로 피곤한 일이 많이
   생긴다. 자금은 들어오지만 썩 기분 좋은 자금은 아니게 된다.
3. 뒷거래를 주의해야 한다. 지금은 이익이 될지 모르지만 그 돈 때문에
   노예가 될 수 있다. 뒷거래, 사채, 대출 등 이 시기에 받는 돈들이 오랜
   기간 당신을 괴롭힐 수 있으니 주의하라!

WORK

1. 일방적인 복종을 요구하는 상사와 트러블이 계속된다. 그러나 목구멍이
   포도청이라 따를 수밖에 없다. 무리한 요구의 거래처도 눈 감고 따르는
   시기이다.
2. 일에 대해서 상당히 주의를 요구하는 시기이다. 사기와 누명 등 본인이
   생각하지 못했던 일들이 일어난다. 겉으로 드러나지 않도록 행동하는 것이
   좋다. 취업준비생은 사기취업에 대해 확실히 확인하고 다녀야 한다.
3. 이는 직장을 그만두게 될 수도 있다는 얘기이다. 취업준비생은 제한에
   걸린 것이 풀려질 수 있다. 희망과 좌절이 교차하는 시기이다

LOVE

1. 아주 강한 이성의 유혹이 시작된다. 연인의 관계가 위험해질 수도 있다
   주의할 것! 솔로는 짝사랑을 성취하기 위해 무리수를 둘 가능성이 있다.
   무리하지 않는 것이 좋다.
2. 정신적인 것보다 육체적인 관계가 깊게 형성된다. 연인 간에 서로
   속박하는 힘이 강해진다. 또는 유흥업소에 출입이 많아지게 된다.
3. 실패에 대한 두려움으로 시도조차 하지 않고 있다는 뜻이다. 연애기간에
   있어서 조용히 지나가는 것도 좋을 듯하다. 육체적인 속박이 이루어지는
   기간이다.

MONEY

1. 자금이 부족하니 자꾸만 위험한 돈에 눈이 가게 된다. 돈을 빌리는 것은 어렵고 단지 이때가 지나서야 해결될 기회가 올 것이다.
2. 금전적으로 고통을 받고 있었다면 이제 그 고통에서 벗어날 기회가 찾아온다. 귀신 같이 우연한 일로 나의 고통이 해소되기도 한다.
3. 악운에서 빠져나오기 시작한다. 파산선고가 나쁘지만은 않을 것이다. 또는 금전 독촉이 해결될 기미가 보인다.

WORK

1. 이제 불공평한 계약을 해지할 수 있는 때가 왔다. 또는 직장을 그만두고 개인사업을 하려는 마음이 강해진다. 그리고 스스로 뼈를 깎는 노력을 해야 할 때이다.
2. 지금은 직장운에 큰 변화가 일어나고 있는 중이다. 아직 변한 것은 아니지만 변하고 있는 중이기에 경거망동은 삼가야 한다. 직장에서 다툼이 일어나도 말려들지 않게 중정을 지켜야 한다.
3. 직장을 그만두려 할 때이다. 그동안 묶고 있던 속박에서 풀려나니 어쩔 수 없이 다니던 직장을 그만두게 될 수 있다. 직장 내에서 내 뒷말을 하고 다니는 사람이 있는지 확인해 봐야 할 것이다. 하지 않은 말이 번져가고 있다.

LOVE

1. 고통스러운 연애에서 해방된다. 이는 속박에서 풀린다는 말과 같다. 헤어지거나 서로를 이해하게 되거나 선택은 본인들이 하는 것이다.
2. 유흥가를 가지 않는 것이 좋다. 이성의 유혹이 강해지니 주의할 것! 불법적인 이성교제는 반드시 후회를 낳게 된다. 기존의 연인은 의외로 깊은 관계로 들어가게 된다.
3. 연인의 속박에서 풀려난다. 그동안 스토커 같은 악연이 있었다면 이제 풀려나는 운이다. 연인관계의 결렬이나 부부관계에 걱정이 생긴다.

16.THE TOWER.

MONEY

1. 불안정한 시기이다. 좋아지거나 나빠지거나 극단적인 형태의 모습으로
   나타난다. 물건 구입 등에는 좋지 않다. 상품에 문제가 생길 수도 있다.
   이럴 때 적금이나 보험을 깨는 일이 많다.
2. 지나간 금전의 손실을 완전히 포기하라. 그래야 새로운 금전운이
   찾아온다. 미련을 두는 것은 미련한 일이다.
3. 금전적인 변화가 크게 일어나는 운세이니 주의하고 자신의 돈을 지켜야
   한다.

WORK

1. 직장 내 다각도의 변화가 예상된다. 새로운 프로젝트에서 부서이동,
   승진 등 여러 가지의 변화가 일어난다. 잘 보여야 할 상대에게 잘 보여라.
   시기를 잘 잡는 사람이 살아남는다.
2. 직장을 옮기고 싶은 마음이 굴뚝같다. 또는 이때 사표를 낼 수도 있다.
   취업준비생은 취업은 되지만 단기취업일 가능성이 있다.
3. 만약 새로운 직장을 구해놓았다면 이직에는 좋지만, 그렇지 않았다면
   퇴직 후 쉬는 기간이 길어질 수 있으니 심각하게 고민하고 움직여야 한다.

LOVE

1. 과거의 연인과 깨지고 새로운 연인과 희희낙락할 수도 있다. 또는 친구의
   관계가 끝나고 연인의 관계가 시작되기도 한다. 새로운 관계의 변화에
   적절하게 대응하라.
2. 새로운 관계의 형성을 포기하는 순간 새로운 사람이 나타난다. 기존의
   연인과도 새로운 관계로 변화될 수 있으니 관심을 기울여야 한다.
3. 미련이 남은 과거의 연인도 정리되는 때이다. 새로운 연인을 맞아들인다는
   생각도 하기 전에 이미 새로운 인연이 곁에 있다.

MONEY

1. 생각지 못한 목돈이 나갈 수 있으니 자금을 여유 있게 준비해 놓는 것이
   좋다. 카드 결제일이 이때라면 막기 힘들어진다.
2. 금전적인 압박이 오게 된다. 미리 준비해야 한다. 상투적인 방법으로는
   이번 위기를 탈출할 수 없다. 작은 돈도 자신의 노력이 있어야만 들어온다.
3. 돈으로 인해 인맥이 깨진다. 주의! 빌려주는 돈, 또는 카드 서비스 등 피해
   입을 일은 벌이지 않는 것이 좋다.

WORK

1. 다가오는 위험에 예전과 같은 대응을 하게 된다. 그로 인해 불행한 상황에
   빠지게 된다. 신중하게 생각하고 후회할 일을 만들지 말아야 한다. 직장과
   거래처 운이 변화가 많다.
2. 직장에 변화를 꾀하지만 지금은 시기가 좋지 못하다. 이직하기도 좋지 않고
   새로운 일 추진도 적당하지 않다. 변화를 꾀하는 것보다는 현재 하고 있는
   일들을 재정비하고 새로운 때를 기다렸다가 한 번에 밀고나가야 한다.
3. 마음에 들지 않는 일들이 자신을 괴롭힌다. 하지만 이때를 잘 참아야
   한다. 생각해 보라. 연말보너스와 명절보너스 등의 부수입을 포기할
   것인가?

LOVE

1. 연인과 헤어짐을 주의하라. 극단적인 말과 행동은 드라마에선 멋있지만
   현실에선 항상 손해를 보게 된다. 드라마의 주인공은 드라마가 종영될
   때까지만 살지만 당신은 몇 십 년을 더 살아야 하니 함부로 흉내 내지
   말라.
2. 상황이 나빠지고 있다. 속마음은 앙금이 있는 채로 서로 오해를 푼
   척하는 것처럼 계속 문제가 일어나게 된다.
3. 연인의 관계가 악화되고 있다. 일 때문에 시간을 못내는 것인가? 자꾸
   나쁜 쪽으로만 가게 된다. 계속되는 상대의 질책에 마음이 심란해진다.

MONEY

1. 막연하게 들어올 돈은 믿지 말라. 조금은 현실적이 되어야 한다. 특히
   유흥비 지출을 많이 삼가야 이롭다.
2. 무절제한 지출을 주의해야 한다. 특히 유흥비의 지출이 많을 것이다. 항상
   주의하고 경계해야 버티게 되니 분위기에 휩쓸려 과다출혈이 없게 해야 한다.
3. 추상적인 계획으로 막연한 기대만 하고 있다면 당신에게 돈은 움직이지
   않는다. 생각 속의 돈을 현실에서 만지고 싶다면 어느 하나가 되었든
   행동으로 옮겨야 한다.

WORK

1. 낙관적인 전망이 앞에 놓여 있다. 거래처, 승진 등 자신의 일과 연관된
   것들이 안전하게 진행될 것이다. 하지만 가끔 돌발적으로 일어나는 일에는
   어느 정도 대비해둘 것.
2. 상황 판단을 제대로 하지 않은 채 일에 덤비는 것은 상당히 위험한
   행동이다. 조금 더 신중하라. 자신이 판단한 것 외에 장애물은 더 있을
   것이다. 취업준비생은 남의 말만 믿고 기다리지 말라.
3. 업무는 힘들어도 정신적으로는 편안해지는 시기이다. 창작과 관련된 일을
   하는 사람들에게 좋은 운이 작용한다.

LOVE

1. 과거에 사귀었던 여자가 다시 나타나거나 정신적인 유대감이 강한 연인이
   생길 수도 있다. 친구였던 사이가 연인으로 발전할 수 있는 시기이기도 하다.
2. 두 사람의 미래는 아직 환상 안에 있다. 미래의 뚜렷한 계획이 없는 한
   몽환적으로 흘러가게 되는 것이다. 이런 분위기도 일시적이니 자연스럽게
   즐기는 것이 좋다.
3. 사귀고자 하는 이성과 정신적인 교감을 먼저 형성해야 한다. 이성적인
   요구보다 정신적인 교류를 원하니 취미생활이나 공통적인 관심사를
   찾으면 더 깊은 관계로 발전하게 될 것이다.

MONEY

1. 빌려 받기로 한 돈이 반밖에 안 들어오는 금전운이다. 돈으로 인해
   비관적인 마음이 들기도 한다. 100을 받기로 했다면 50밖에 들어오지
   않는 불안한 운이다.

2. 엉뚱한 곳에 들어간 돈은 산산이 흩어진다. 확실하지 않은 곳엔 투자나
   빌려주지 않는 것이 좋다. 현실적이지 않은 제안과 잘 갚지 않는 친구에게
   도움 요청을 받게 된다.

3. 필요 없는 손실이 예상된다. 이는 엉뚱한 벌금이나, 갑자기
   손아랫사람들에게 주게 되는 용돈 등 적게 빠져나가기에 큰 손실로
   인지되지 않지만 뭉치면 큰돈이 되는 것들이다.

WORK

1. 계획만 짜다가 기회를 놓칠 수 있으니 주의해야 한다. 취업준비생도 미리
   겁먹지 말고 이력서를 많이 뿌려놓아야 기회가 찾아온다.

2. 만족할 만한 결과가 나오지 않는다. 예상과 다르게 자꾸 일이 틀어진다.
   희망에서 실망으로 바뀌는 시기이니 자중하고 때를 기다려야 한다.
   취업준비생은 이 시기가 지나간 후에 지원하는 것이 좋다.

3. 지금은 막막하고 계획이 서질 않는다. 이런 때에 함부로 움직이는 것은
   함정에 빠지는 것과 같다. 머릿속이 맑지 않으니 조금 더 기다렸다가
   움직이는 것이 좋다. 취업준비생은 어렵다.

LOVE

1. 연인이 있는 사람은 연인과의 균형이 깨져 방황하게 된다. 연인이 없는
   사람은 관심 있는 상대와 머릿속으로만 연애를 하게 된다.

2. 일장춘몽. 기나긴 인연이 아닌 스쳐가는 인연이었나 보다. 정신을 차려서
   상대를 보니 왜 이렇게 흠이 많은지.

3. 현실에서 보는 내 연인은 실망스럽기 짝이 없다. 누군가 먼저 헤어지자고
   하는 말을 기다리는가. 이제 환상에서 깨어나 현실로 돌아가게 된다.

18.THE MOON.

MONEY

1. 사기의 위험이 다가온다. 금전적으로 주의해야 한다. 믿었던 이가
   금전적인 배신을 할 수 있다. 빌려준 돈은 돌려받을 수 없다.
2. 무계획과 낭비가 드디어 카드 결제일에 심장을 벌렁거리게 한다. 돈을
   쓰지 않으면 별 문제는 없을 것이다. 이상하게 충동적인 지출이 많아지니
   주의할 것!
3. 막막하고 불안한 금전운이다. 당장 나갈 것도 아닌데 걱정이 많고 당장
   들어올 것도 아닌데 안 들어와서 불안하다. 좋고 나쁨이 없으니 다음에
   일들이 일어나기를 기다리면 된다. 미리 아프지 않는 것도 지혜이다.

WORK

1. 불분명한 미래에 대한 불안감이 생기기 시작한다. 사방이 환상을
   심어주는 사기가 숨어 있다. 개인사업자는 동업을 주의하라. 취업준비생은
   취업사기 주의할 것!
2. 필요 이상 웃는 얼굴에는 무언가 숨겨져 있는 것이다. 여러 가지 중에
   한 가지가 꺼림칙하다면 주의하고 주시하라. 사기에 빠지는 첫 발은
   달콤하다.
3. 추상적인 계획으로는 추상적인 결과밖에 나오지 않는다. 예측하기 어려운
   시장이니 계획하고 진행하기가 뜬구름을 잡는 것 같을 뿐이다. 위험한
   일은 피하고 확실한 일에만 매진해야 한다.

LOVE

1. 꿈꾸듯이 지내라 현실을 보면 마음만 힘드니 현실적인 연애는 하지 말라.
   차라리 거짓말이라도 달콤한 것을 즐겨라.
2. 서로 겉으로 웃고 속으로는 지루함을 느끼게 된다. '정말 상대방을
   사랑하고 있는 것일까?' 라는 생각에 빠져들기도 한다. 이 시기에는
   바람을 피우기 위해 연인을 속이기도 한다.
3. 아직은 꿈같은 시간. 그러나 두 사람사이에 위험이 있음에도 눈 가리고
   보지 않는 것이다. 어쩌면 이 연애는 거짓된 연애일 수도 있다.

MONEY

1. 자신이 스스로 움직여 자금 문제를 해결해야 한다. 고민만 하고 앉아 있다면 오히려 더 지출되거나 생각지 못한 곳에서 악재가 일어나게 된다.
2. 무계획한 지출에서 벗어나야 한다. 대충대충 계획한 일을 빨리 수정하지 않으면 만성적자증후군에 시달리게 된다. 신용카드에 의지하지 말라.
3. 지금 자금을 약속한 곳은 제때에 약속을 지키지 않을 가능성이 높다.

WORK

1. 휴가를 즐겼다면 일상에 복귀하기가 어렵다. 들떠있던 마음도 그렇지만 체력회복이 잘 되지 않아 업무가 힘들다. 확실한 계획이 아니라면 수정해야 시도할 수 있다.
2. 이제 악몽 같았던 때를 지나 현실로 돌아와 일을 시작해야 한다. 막연한 불안감을 지우고 현실을 직시하며 되는 것과 안 되는 것, 할 수 있는 것과 없는 것을 구분하여 절도 있게 진행해야 한다.
3. 커다란 피해를 입기 전에 갑작스럽게 비리를 눈치 채게 된다. 위험에서 벗어날 수 있는 기회가 생긴다. 실패 직전에서 되살아난다. 그로 인해 회사에서나 거래처나 당신은 유리한 입장에 놓이게 된다. 취업준비생은 포기한 곳에서 다시 연락이 온다.

LOVE

1. 서로 생각만 가지고 오해를 하고 다투게 되니 서로에 대해 직접 보고 듣고, 말한 것 외에는 믿지도 말고 상상하지 말라, 엉뚱한 사람 잡는다.
2. 바람피우는 상대의 기미를 미리 알아챌 수도 있다. 연애를 끝내려면 지금, 연애를 계속하려면 모르는 척해주는 여유가 필요하다.
3. 서로가 꿈에서 깨어나니 말은 못해도 마음속으로는 후회한다. 이제 환상의 연애가 아닌 현실에서의 연애가 시작된다. 솔로는 소개팅자리가 생긴다면 안 나가는 것이 몸과 마음을 다치지 않는 방법이 된다.

19.THE SUN.

MONEY

1. 성공과 만족, 당신의 금전운은 이제 최고조에 달했다. 빨리 거두고 저장해야 한다. 돈이 많다고 낭비하면 그 충격은 미래에 생기게 된다.
2. 소박한 바람이 이루어져 돈이 들어온다. 이럴 때는 복권을 사면 작은 당첨금이라도 받는다. 적금의 만기에서부터 여러 가지 그동안 쌓아왔던 것들이 당신을 기쁘게 할 것이다.
3. 투자의 성공, 당신의 금전운이 최고를 달린다. 이럴 때 축배를 위한 지출을 늘리면 이익이 사라진다. 자중하고 지키는 것이 좋다.

WORK

1. 당신의 업무에서는 성취가 있다. 귀인이 도울 것이며 길을 헤매고 있었다면 바른 길을 찾게 될 것이다. 또한 취업준비생은 좋은 소식이 있다.
2. 성공! 그동안 미루어진 모든 일들이 이루어진다. 이럴 때일수록 민첩하게 움직이는 게 좋다.
3. 드디어 그동안 쌓아올린 것에 대한 좋은 소식들을 듣게 된다. 거래처가 확보되고 계약은 성사되며 업무는 성공으로 마무리하게 된다. 이 시기를 놓치지 말고 빠르게 일하라. 취업준비생은 반드시 취업한다.

LOVE

1. 연애에 결실이 맺어지는 때이다. 어느 한쪽만 사랑하는 관계였다면 속마음을 털어놓는 것이 좋다.
2. 연인이 임신을 하거나 새로 대시한 상대에게서 좋은 답변이 온다. 또는 둘 사이에 기대했던 일이 이제 성사된다.
3. 지금은 서로 원하는 만큼 가까이 지내게 되며 서로의 마음을 확인하고 깊은 연애를 위해 나아가는 것이 좋다.

MONEY

1. 여러 가지 나쁜 일이 생기며 생각지도 못한 곳까지 자금이 흘러나간다. 이익도 없는 일이니 너무 기대하지 말 것.
2. 기대한 자금들이 들어오지 못하고 머물러 버린다. 힘들고 고통스러울 때이니 함부로 움직이지 말고 자금을 동결해야한다.
3. 혹시 자신에게 경사가 있다면 그 경사를 핑계로 나가는 돈이 많다. 그로 인해 나중에 후회할 일이 생기니 지금이라도 절제해야 한다.

WORK

1. 업무에 손실이 일어난다. 거래처나 회사 분위기를 살피면서 신중하게 일해야 한다. 갑작스런 프로젝트의 중지가 있을 수도 있다. 취업준비생은 다 된 일이 취소될 수 있으니 조심할 것.
2. 엉뚱한 일이 벌어져 잘 나가던 프로젝트가 휘청거린다. 아주 사소한 일이 발길을 붙잡은 꼴로 일이 지체될 것이다.
3. 일이 하기 싫고 의욕이 떨어진다. 이럴 때는 눈치 보며 자신 앞에 있는 일만 해야 한다. 남의 일까지 덮어쓰다가는 힘들어서 정말 그만두고 싶어진다.

LOVE

1. 결혼이나 약혼의 파혼, 잠시 고독해지는 기간이다. 양보하고 하지 말아야 했던 말을 한 대가이기도 하다.
2. 좋았던 연인관계가 깨질 위험이 보인다. 혹시 연인을 위한 시간이 전혀 없는지 생각해 볼 것. 충분히 상대가 오해할 만한 행동을 하고 있다. 두 사람의 관계에 적신호가 보인다.
3. 새로운 인연이 없으니 소개팅은 나가지 않는 것이 좋다. 연인들은 자신들이 기대한 상황이 아닌 일이 벌어지게 되니 처음부터 과다한 기대는 하지 말 것.

20.JUGEMENT.

MONEY

1. 보상받는 운. 그동안 미뤄왔던 돈이 해결된다. 돌려주고 속 태운 돈이
   돌아오게 된다. 혹은 재판을 통해 회수되는 이익이 있다. 기회를 놓치지
   마라.
2. 기쁜 소식. 금전운에 우연성을 포함한 이익이 따른다. 또는 대기 중이던
   곗돈을 타게 될 수도 있고, 멀리 보냈던 돈들이 돌아와 나를 기쁘게 한다.
   돈을 빌리기로 했다면 좋은 소식이 온다.
3. 좋은 소식 혹은 나쁜 소식. 이제야 결말을 맺고 이익과 손해의 결과가
   나타난다. 그러나 좋고 나쁜 것은 자신이 해놓은 것에 따라 다르다.

WORK

1. 이제야 당신에게 기회가 온다. 기다렸던 일들이 결정 나서 하나씩
   진행하게 된다. 기회는 길지 않으니 부지런히 움직여야 한다.
   취업준비생은 기쁜 소식이 온다.
2. 일들이 이제 정리가 되기 시작한다. 결정의 결과는 자신에게 긍정적인
   형태로 나타난다. 직장인은 신규발령이 있거나 자리 옮김이 있을 수 있다.
3. 함께하려는 이가 많아지니 이 중에서 함께 갈 사람을 잘 골라야 한다.
   지연되던 일들은 원활하게 결정 난다.

LOVE

1. 그동안의 관계에 대해 결정을 내리게 된다. 나빠지고 있었다면 정리를,
   오해가 있었다면 오해가 풀리는 그런 여러 가지의 결과를 얻게 된다.
2. 이제 연인 간에 서로 상대에 대해 평가를 하게 되는 시간이다. 무엇이
   장점인지 무엇이 단점인지 이제 더 깊은 사이가 되기 위해선 피할 수 없는
   과정에 들게 된다.
3. 대답을 기다리던 상대에게서 좋은 소식이 온다. 만약 당신이 프러포즈를
   했다던가, 만나기로 했다면 그 소식은 당신에게 이롭게 들려오게 된다.

MONEY

1. 돈을 받을 사람으로부터 아직 소식이 오지 않으니 속이 탄다. 결정이 나길 기다리는 자금의 소식은 오기 힘들다. 고정수익은 유지되지만 그 외에 받기로 한 돈들은 다음 기회로 밀린다.
2. 청구서만 쌓이니 한숨만 나온다. 기간만 어기지 말고 천천히 지급해야 한다. 타인의 돈을 늦추면 자신이 받을 돈도 늦어지기 마련이다. 필요한 돈은 회전하는 법이니 타인에게 줄 것은 시기에 맞춰서 줘야 한다.
3. 연체가 자꾸 쌓인다. 갚아야 할 돈을 제때 갚지 못한다. 어쩌면 돈 때문에 인심을 많이 잃을 수도 있다.

WORK

1. 회사를 옮기는 때가 아니다. 그러나 부당한 대우로 인해 회사를 그만두고 싶어진다. 이직하기로 한 회사에 문제가 생길 수 있으니 확인하고 점검한 후에 그만두어야 한다. 취업준비생은 연락이 밀려서 늦게 온다.
2. 업무에 관련되어 올 소식이 늦어지거나 나쁜 소식이 온다. 그러므로 함부로 움직이지 말고 조용히 자신의 할 일만 하라. 특히 구설을 피해야 한다.
3. 일들이 진척되지 않고 뒤로 밀리기 시작한다. 예상보다 기일을 늦게 잡는 것이 이롭다. 우유부단함 속에 일을 실패할 수도 있다.

LOVE

1. 극단적인 말과 극단적인 행동을 주의하라, 지금은 상대의 말을 듣고 기다릴 때이지 자신이 판단해서 행동할 때가 아니다.
2. 당신의 우유부단함이 양다리를 걸치는 상황을 만들 수도 있다. 헤어진 연인과 관계를 끝내지 못하고 계속 연락과 미련만 유지되니 정리도 되지 않고 새로운 만남도 기대할 수 없다. 그러므로 이참에 끊어야 할 관계라면 정리하는 것이 좋다.
3. 다투고 연락을 서로 안 하고 있다면 상대방의 연락을 기다리지 말라. 저쪽도 자존심에 연락하지 않는다. 심하게 다투면 인연이 끊길 수 있으니 조금은 마음을 다스리고 있어야 한다.

21.THE WORLD.

MONEY

1. 그동안의 인내가 이제 결실을 낸다. 적금이 만기되는 것처럼 당신에게
   여러 가지 결과가 나타나게 될 것이다.
2. 돈에 관련되어 좋은 일이 생길 것이다. 주변으로부터 돌려받을 것을 받게
   된다. 준비했던 투자에 이익을 보게 된다.
3. 아주, 그리고 상당히 좋은 금전운이 돌아온다. 수입과 지출이 완벽하게
   균형을 이루며 기다렸던 자금이 풀린다. 빌려준 돈도 이야기하면
   돌아온다.

WORK

1. 직장 내에서는 동료들과 협력이 잘 이루어진다. 거래처와의 교섭도
   활발하다.
2. 거래처와의 커뮤니케이션 등 외부적이나 내부적인 일들이 원활하게
   해결된다. 회의나 프레젠테이션에 좋은 운이며 취업준비생은 좋은 곳에
   취업이 된다.
3. 직장이나 사업장이 잘 풀려간다. 동료들과 인간관계까지. 밀렸던 업무부터
   연락이 잘 안 되던 거래처까지 다시 확인해 볼 수 있다.

LOVE

1. 연애운으로서 좋은 운이다. 결혼을 준비하고 있다면 최고의 운, 고백을
   시도하는 것에서도 최고의 운. 그러나 연인에게는 여행을 하지 않는다면
   따분한 시기.
2. 새로운 연인을 얻기에도 지금의 연인과 새로운 관계를 열기에도 좋은
   운이다. 용기를 내보는 게 좋다.
3. 연애운이 상승하는 시기 연인과 마음이 잘 맞는 시기이다. 솔로는
   소개팅을 나가면 즐거운 파트너를 만난다. 활동이 많을수록 좋다.

MONEY

1. 원활하게 진행되며 안심하고 있던 자금 문제가 갑자기 꼬일 수 있으니
   주의할 것!
2. 약속이 미뤄지고 예정된 계약들을 다시 한 번 점검하고 다짐받아야 한다.
3. 돈 때문에 사람들과 다투게 된다. 빌려주고 뺨 맞지 마라. 친구 간 돈
   거래를 주의하라. 돈 잃고 사람 잃는다.

WORK

1. 혼자 열심히 일하면 손해만 본다. 직장 내 사람들과 불화가 일어날 수
   있으니 회식 때 말조심해야 한다. 취업준비생은 다음 기회를 기다려야
   한다.
2. 직장 내의 불협화음이 신경을 거슬린다. 사람들과 마음이 맞지 않거나
   스스로 어울리지 못한다.
3. 이직을 꿈꾸지만 아직 현실이 여의치 못하다. 지금은 참고 지내는 것이
   현명하다. 마음이 힘든 것은 며칠 이내에 풀린다.

LOVE

1. 연인의 실망스러운 모습을 볼 수 있다. 불협화음이 일어나고 자꾸만
   어긋나게 된다. 오히려 가만히 있는 것이 상책이다.
2. 연인과 다투지 말라. 절대로 일어나지 않을 것 같던 실수를 하게 되고
   그로 인해 이별하게 된다. 연인이 이상하게 잔소리를 하게 만든다.
3. 소개팅을 나간다면 우울함만 얻게 될 뿐이다. 연인들은 만나는 횟수를
   줄여라. 약속시간 지키기도 힘들다.

ACE OF SWORDS.

MONEY

1. 돈에 성취가 있다. 빌려준 돈을 돌려받을 때는 먼저 말을 건네야 되는
   것이다. 돈 문제에 있어서는 용기가 필요한 때이다.
2. 금전 문제가 풀려 나간다. 자신의 결정에 따라 움직여라. 그러면 금전에
   이익이 생기고 자금이 늘어난다. 투자 기회가 찾아왔다면 투자하는 것도
   이롭다.
3. 자금의 회수나 지출 등에 자신이 결정하고 생각한 대로 된다. 그러나
   돈 문제로 인간관계도 조금은 마음속으로 정리하게 되니 그것이 찜찜할
   뿐이다. 또는 큰돈이 들어오고 나가고를 반복하게 된다.

WORK

1. 모든 일은 자신의 힘으로 강력하게 추진하라. 이에 따른 성과로 당신은
   상당한 이익을 보게 될 것이다. 취업준비생은 현장직을 지원하면 이롭다.
2. 지금 시작하는 일은 성공한다. 용기를 가지고 주위를 돌아보지 말고
   전진하라. 자신의 일에 확신을 가져라.
3. 이제 과감하게 결정하고 일을 추진해야 한다. 물론 그에 따른 여러 가지
   상황도 함께 물려 돌아가기 시작한다. 맺고 끊음을 확실히 해야 이롭다.

LOVE

1. 솔로라면 관심 있는 상대에게 자신의 자신감을 어필하라. 강한 결심으로
   대시한다면 연인을 얻게 될 것이다. 결심하지 않는 사람은 얻을 수 없다.
   연애의 운은 결심한 사람들이 쟁취하게 된다. 고백하든지 포기하든지
   그것은 당신의 선택이다.
2. 계속 사귈 것인지 이제 헤어질 것인지 당신의 리더십이 중요하다. 만약
   상대가 당신의 의견을 받아들이지 않는다면 헤어지게 될 것이다.
3. 연인과 결정해야 할 일이 생긴다. 미래에 대한 관계성이나 또는 그동안
   헤어짐을 고민했다면 헤어지는 것에 대한 문제이다. 그리고 내린 결정은
   미래에 자신에게 이익이 되는 결정이 될 것이다.

ACE OF SWORDS.

MONEY

1. 큰돈이 묶이니 서둘지 말고 잠시 쉬었다 가야 한다. 마음은 급하지만
   현실은 그에 따라주지 않는다. 속을 볶지 말고 침착하게 더 기다려 보라.
2. 타이밍을 놓친 투자는 포기하는 것이 좋다. 지금은 늦고 자금도 원활하지
   않다. 들어올 거라 믿고 있는 돈이 늦어지기도 한다. 큰돈을 빌려주거나
   투자하지 말라. 갑자기 금전의 압박이 밀려온다.
3. 카드가 연체된다거나 대출금이 밀리는 등 총체적인 금전운의 난국이
   일어나게 된다. 미리미리 대처했다면 지출이 늘어난 채 지나가겠지만,
   그렇지 않았다면 아마 타격이 올 수도 있다. 지금이라도 여유 있게
   준비해야 한다.

WORK

1. 난처한 장애물이 자꾸 나타난다. 안심하고 있던 분야가 오히려 방해를
   준다. 마음을 편하게 하고 성급한 결정을 피해야 한다.
2. 직장운이 좋지 않으니 동료나 윗사람과 말을 조심해야 한다. 회사를
   그만두고 싶어 하는 마음이 생길 때이니 울컥하는 마음을 잘 참고 지내야
   한다.
3. 직장이나 사업체에 커다란 문제가 생긴다. 대비하고 준비해야 한다.
   갑작스러운 일이 나를 당황하게 한다. 취업준비생은 예정된 회사에 문제가
   생길 수도 있다.

LOVE

1. 아직도 결정 내리지 못한 관계 때문에 상처 입게 된다. 또는 사랑하는
   사람으로부터 이별을 통보받게 된다. 만나는 것을 조금은 줄이는 것이 좋다.
2. 연인과 다투게 되거나 헤어지기로 했는데 미련이 징그럽게 많이 남아
   우유부단해진다. 연인과 다투게 되면, 심한 말을 삼가라. 나중에 후회한다.
3. 연인과의 갈등을 해소하기 힘들다. 내가 강하게 나가면 그쪽은 수그러들고
   내가 수그러들면 참지 못하게 들볶기 때문이다. 차라리 헤어지려고 해도
   불가능하다.

8. 마이너드의 라이더웨이트 상황별 해석집

TWO OF SWORDS.

MONEY

1. 돈의 수입과 지출 등을 잘 조절해야 한다. 어떤 선택이든 해야 할 때가 있다. 잘 선택하면 좋은 결과가 있다.
2. 자신이 선택할 수 없는 상태에서 둘 중의 하나를 선택해야 한다. 어느 것을 선택하든 당신에게는 이로울 것이다.
3. 스스로 선택하기에는 그 자금 문제가 복잡하다. 이럴 때는 그냥 놔두는 것이 좋다. 먼저 지쳐서 떨어져 나가는 쪽을 포기하면 된다.

WORK

1. 우유부단하게 대처하는 일이 생긴다. 누구의 책임인지 분간하기 힘들다. 계획을 중지하고 잠시 쉬었다 가는 게 좋다. 취업준비생은 다음 기회를 기다리는 게 좋다.
2. 결단을 내리기에는 자신이 결정하기 힘든 경우이니 이때에는 그냥 자신의 직감에 따라 선택하는 것이 이롭다. 어쨌든 본인에게는 좋은 결정이 내려지게 될 것이다.
3. 둘 중의 하나를 판가름할 때 '자신이 하기 싫은 일'을 하는 것은 반드시 이익이 될 것이다. 취업준비생은 갑자기 두 곳의 회사에서 연락이 와 갈등하게 된다.

LOVE

1. 서로 간에 균형적인 힘으로 밀고 당기기를 잘 해야만 한다.
2. 두 사람 중에 한 사람을 선택해야 한다면 스스로 결정하지 말고 때를 기다리면 하나가 스스로 멀어지게 되어있다. 스스로 움직이지 말라.
3. 이쪽저쪽 마음에 갈등이 많다. 친구와 연인의 관계에서도 선택을 해야 하고 양다리로 지내왔던 관계에서도 이젠 선택의 기로에 놓인다.

(R)
reverse

MONEY

1. 이쪽저쪽 망설이다 자금에 손실이 일어난다. 우유부단해지지 않도록 하라. 대출을 두 군데 신청했다면 한쪽에서는 들어온다.
2. 결정을 빠르게 하고 결정 내리기 힘들다면 주변에 조언을 구해서 빠르게 행동을 취해야 이익이 있다. 금전운은 좋지만 기회를 놓치거나 잘못된 선택의 위험이 있다.
3. 잘못된 선택. 이미 늦은 투자처에 돈을 쓰는 것은 손해를 보기로 작정하는 것이다. 이롭지 않은 투자를 하게 될 시기.

WORK

1. 갈림길에서 갈등이 심화된다. 또는 길은 두 가지가 있지만 내가 선택하지 못하고 다른 사람의 선택을 기다려야 한다.
2. 거래처와의 연락이 뒤로 밀리거나 약속된 일들이 진행되지 않는다. 성과가 없거나 좋지 않으니 모두 뒤로 미루고 마음을 다스리면 초조한 마음을 면할 수 있다.
3. 선택에 실수가 생긴다. 타인의 의견을 들어라. 자신이 판단하기엔 정확하게 바라보고 있지 못하고 있다. 취업준비생은 두 곳을 재보다가 기회를 놓치게 된다. 주의할 것!

LOVE

1. 두 마리의 토끼를 다 보면 스스로 도마 위에 올라가게 된다.
2. 당신의 이중성은 연인을 타인으로 내몰게 된다. 또는 연인의 눈에 보이는 거짓말을 믿어주어야 하는 고통에 싸인다.
3. 갑작스런 애정공세를 주의하라. 심경의 변화가 있는 것이다.

THREE OF SWORDS.

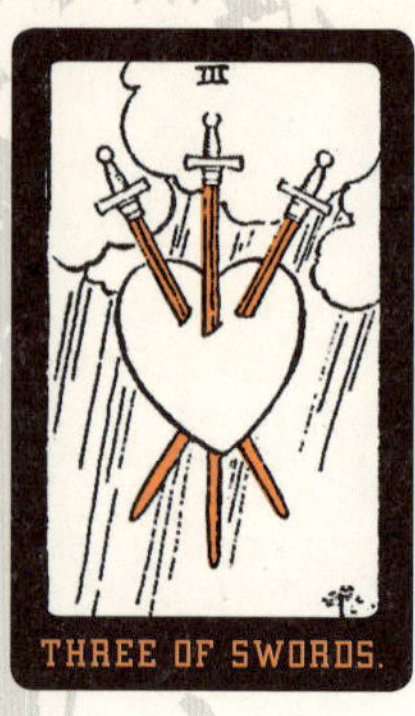

MONEY

1. 빚 때문에 스트레스가 쌓인다. 빌릴 곳은 없는데 지출은 사방에 널려 있다. 차라리 혼자 조용히 지내는 게 좋다. 구하려 해도 구해지지 않는다.
2. 돈으로 인한 다툼이 심화된다. 내 돈으로 인한 슬픔과 자금이 비워지는 고통을 같이 겪는다. 움직이지 않으면 피할 수 있다.
3. 친구와 돈 문제를 얽히지 말라. 차라리 못 받을 셈치고 그냥 줄 수 있는 돈을 주는 것이 현명하다. 빌려준 돈을 돌려받기는 힘들다.

WORK

1. 직장 내 부서이동의 운이 있다. 또는 승진이 누락될 수 있다. 마음이 상한다고 해서 얼굴에 표내고 다니면 본인만 힘들어진다.
2. 직장에서 마음에 씻을 수 없는 상처를 입는다. 오해로 인한 것이지만 실제 일어난 일보다 더 무섭게 퍼진다.
3. 거래처에 경쟁자가 붙어 손실을 입힌다. 취업준비생은 이 시기를 넘겨서 지원하는 것이 좋다.

LOVE

1. 배신이란 감정을 느끼게 된다. 내가 모르는 사이에 두 사람이 아닌 세 사람이 되어버렸다. 이제 어느 쪽이든 상처 입는 것만이 남은 듯하다.
2. 연인에게 상처가 되는 말을 하게 된다. 또는 반대로 상처가 되는 말을 듣게 된다. 연인과 깊은 대화는 피하라 차라리 겉으로만 하는 연애가 낫다.
3. 연인 간 걱정이 늘어난다. 쓸데없는 걱정인데도 그 마음을 끊을 수 없다. 현실에서 일어난 일이 아닌데도 마음을 걷잡지 못한다. 자신의 실수를 너무 크게 생각하지 말라.

MONEY

1. 돈 문제로 다툰 인간관계에 회복할 기회가 찾아온다. 또는 포기한 돈이 일부라도 돌아오기 시작한다. 자금 때문에 속 태웠던 사람은 일부가 회복된다.

2. 자금에 압박이 온다. 마음 상하지 않기 위한 자기보호가 지나치게 된다. 타인과 돈 거래는 적당히 하라.

3. 주위가 산만한 지출, 정리되지 않고 계획되지 않은 지출이 많다. 주의해야 한다. 예상보다 많은 지출은 당신을 힘들게 할 것이다. 당신의 무질서함이 금전운을 낮추고 있다.

WORK

1. 그동안 회사에서 인간적인 관계로 힘들었다면 이때 그 관계가 회복이 되며 오해를 받고 있었다면 오해가 풀리게 될 것이다. 고난과 상처에서 빠져나오는 시기이니 자신의 주장을 할 만한 때이다. 취업준비생도 부지런히 움직이면 연락이 온다.

2. 자신이 믿는 사람에게 배신을 당한다. 비밀을 이야기한 것이 모든 사람이 알게 된다. 조용히 있는 것이 좋다. 뒷담화는 씹는 맛이 떨어지면 조용히 사라진다.

3. 직장에서 기대한 만큼의 대우를 받지 못해 마음이 상한다. 자신은 열심히 일했고 그만한 대우가 나오리라 기대해도 직장의 능력은 그를 따르지 못한다.

LOVE

1. 연인 간에 거짓말을 조심하라. 상대를 위해 한 거짓말이라도 결국엔 그로 인해 관계를 깨뜨리게 된다. 사실은 상대를 위한 거짓말이 아니라 자신을 변명하기 위한 거짓말일 뿐이다.

2. 헤어진 연인과 오해가 풀린다. 돌아선 마음이 이해하는 마음으로 돌아서니 관계의 회복을 바란다면 해결하고 그것이 아니라면 연락을 받지 말아야 한다.

3. 솔로라면 거절당한 상대에게 미친 척 다시 한 번 대시하라.

FOUR OF SWORDS.

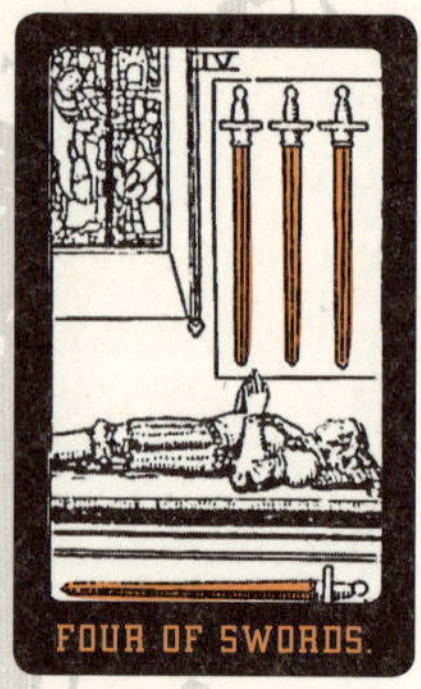

MONEY

1. 연체나 빚에 시달리고 있었다면 파산을 신청하는 것이 옳다. 또는 그동안 버티기 위해 노력해왔던 금전에 대해 포기하는 운이기도 하다. 가장 좋은 해결책은 아무것도 하지 않고 쉬는 것이다.
2. 자금 문제 등 금전적인 여러 부분이 잠시 휴식기를 맞이한다. 문제가 있던 사람은 소강상태로 전환되며 받을 돈이 있는 사람은 다음 기회로 밀리게 된다.
3. 자금에 있어서 좋고 나쁨이 없다. 그저 전부터 받았던 돈들은 계속 받고 새로운 돈은 들어오지 않는 운이기 때문이다.

WORK

1. 어쩌면 회사를 그만두게 된다. 주의하라! 결단성이 있는 것이 아니라 포기하는 마음이 빠른 것일 수도 있다. 차라리 며칠간 휴가를 받는 것이 더 이롭다.
2. 마음의 휴식이 필요하다. 그리고 잠시 쉴 타이밍도 생긴다. 새로운 것을 시작하려 하지 말고 지금껏 해온 일을 점검하며 조용히 기다려야 한다. 취업준비생도 준비하는 기간이다.
3. 직장을 그만두고 싶을 것이다. 참아야 한다. 불경기는 괜히 힘든 게 아니다. 차라리 잠시 주말에 여행을 다녀오면 풀릴 것이다.

LOVE

1. 연애를 끝내고 쉬는 시기, 헤어지고 난 뒤의 마음을 정리하는 기간, 또는 격렬한 사랑 끝에 잠시 휴식기에 든 것과 같다. 쉬는 것이 좋은 시기이다.
2. 혹은 지루한 연애의 기간을 보내게 된다. 단지 이 운들은 당신이 이전에 어떻게 지냈는가가 어떤 결과를 빚을지 결정하게 된다. 이전의 당신은 행복했는가? 불행했는가?
3. 연애를 포기하고 고독한 기간을 보낼 것인지 아니면 잠시 휴식기를 가질 것인지를 결정해야 한다. 그동안 많은 분쟁과 사건으로 당신의 연애감정은 피로해져 있다.

(R)
reverse

MONEY

1. 묶여 있던 자금이 풀리기 시작한다. 또는 그동안 밀려 있던 돈들이 이제야 들어오기 시작한다. 포기했던 자금들을 일일이 전화해서 확인해 보라.
2. 이리저리 자금을 구해 잔고에 보충해 두는 것이 좋다. 앞으로 나갈 돈이 예상을 넘게 된다.
3. 자신에게 꼭 필요한 것을 제외하고는 지출을 줄여라. 조심스러운 지출로 인해 지금의 난관을 극복할 수 있게 된다.

WORK

1. 쉴 수 없는 상황이 이어진다. 하지만 본인은 과로로 짜증이 많이 올라오게 된다. 남의 일을 덮어쓰지 않는 유일한 방법은 '아는 척을 하지 않는 방법'이다. 취업준비생은 휴식에서 벗어나게 되니 취업이 가능하다. 단, 몸을 많이 쓰는 업종이다.
2. 너무 바빠 쉬지를 못한 탓에 힘들고 지쳐 죽겠지만 아직 월차도 못 내는 상황이 된다. 그동안 포기했던 시장이 되살아나 갑자기 일이 활성화되기도 한다.
3. 직장의 상황이 불안정하다. 이럴 때일수록 자신의 자리를 지키는 것이 좋다. 마음 한구석에선 이직의 유혹이 있지만 참고 견뎌야 한다.

LOVE

1. 그동안의 휴식을 끝내고 두 사람만의 관계가 시작된다. 그동안 지루했다면 이제는 활동이 많아질 것이다. 그동안 활동이 많았다면 피로로 인한 스트레스가 많을 것이다.
2. 두 사람 사이에 많은 일들이 생긴다. 그동안 참았던 불만을 토로할 수도 있다. 상대의 의견을 존중하는 것이 좋다. 짝사랑하는 사람이 있다면 이제 고백하는 타이밍이다.
3. 연애는 휴식기간처럼 별일 없이 지나가게 된다. 아무 일이 없는 것이 오히려 다행일 수 있다. 연인과 휴가를 떠날 기회가 있으면 좋다.

FIVE OF SWORDS.

MONEY

1. 엉뚱한 곳에 욕심을 부리다 주변 사람들에게 원망을 듣는다. 내 맘대로 할 수 있는 것이라고 해서 남을 신경 쓰지 않으면 내 돈 쓰고 욕먹게 된다.
2. 타인의 이익을 우선시하기 전에 내 이익을 우선시해야 한다. 베풀어도 모르는 사람들은 당신이 바보라서 자신들이 뺏은 것으로 착각하기 때문이다. 자금관리에 신경을 많이 써야 한다.
3. 포기한 돈들을 다시 한 번 확인하는 것이 좋다. 당신이 포기한 것을 남들이 이익으로 삼는다. 원래 받기로 한 돈들은 들어오지만 새로운 자금의 길은 열리기 힘들다.

WORK

1. 강한 힘으로 밀어붙이다 보면 나를 반대하는 사람이 생기게 된다. 급한 일에 신중하게 대처해야 한다. 아랫사람을 주의할 것!
2. 뒷일을 빨리 정리하고 새 출발을 시작해야 한다. 과거에 미련을 두고 서로를 원망하지 말라. 쓸데없는 시간을 보내면 그만큼 할 일이 늦어진다. 출발에는 좋은 운이지만 동업하는 사람이 있다면 동업자로 속을 썩는다.
3. 자신의 이익과 권리를 확실히 하고 지켜나가야 한다. 모든 일을 진행할 때 꼼꼼하게 관리하라. 배신자가 있다면 드러나게 된다. 취업준비생은 취업이 되지만 오래 다닐 직장은 아니다.

LOVE

1. 연애의 우선권은 여전히 당신에게 있다. 그러나 너무 교만하면 반대가 일어날 수 있다. 그로 인해 오해나 망신을 당할 수 있으니 조신하게 행동하는 것이 좋다.
2. 연인에게 좋지 않은 일이 생긴다. 연인으로 인한 근심이 예상된다. 형편이 안 되면 마음으로라도 위해주는 매너를 발휘하라.
3. 연인에게 혼동이 온다. 어쩌면 연인에게 소외감을 받게 되기도 한다. 그러나 혼자만의 고민일 뿐 현실로 일어나는 일들은 아니다.

MONEY

1. 내 상황도 좋지 않은데 빌려 달라는 곳부터 지출할 곳이 만만치 않다. 지출에 신중을 기하고 빌려준 돈은 돌려받기 어려우니 입장이 난처하면 늦게 받을 생각하고 작게 빌려주는 것이 낫다.
2. 도둑과 소매치기로 지갑을 잃어버리는 것을 조심하라! 내 재물을 훔쳐가는 이가 발생하니 항상 관리를 잘해야 한다.
3. 불확실한 투자처에 투자하는 것은 돈을 버리는 것과 같다. 손실의 징조가 보인다. 친구와 유흥업소 가는 것을 자제하라. 엉뚱한 지출이 생긴다.

WORK

1. 동업자가 이익을 조금 더 갖기 위해 한참 작업 중이다. 아무리 친한 사이라도 동업자와 이익분배에 관해서는 확실하게 선을 그어야 한다.
2. 거래처에서는 자신들의 이익 때문에 내게 손해를 보게 만든다. 잠시 일을 배짱으로 늦춰라. 취업준비생은 소개비나 보증금을 넣어야 하는 일은 하지 말라. '먹튀'가 생길 수 있다.
3. 함께 일하는 사람을 주의 깊게 관리해야 한다. 함께 일하는 사람들과 마음이 맞지 않으니 스트레스가 많이 쌓인다. 마음의 여유를 가지고 지내야 한다.

LOVE

1. 이기적인 마음이 서로에게 상처를 입힐 수 있다. 항상 말을 주의하고 오해받을 소지 있는 일들은 하지 않는 것이 좋다. 상대의 이해를 구하려 먼저 한 말이 오히려 오해를 불러일으킨다.
2. 이제 전쟁터를 정리하는 것 같은 연애이다. 헤어짐이 있든 어떤 일이 있든 뒷일을 잘 정리해야 한다.
3. 연인의 이기심, 또는 양다리가 드러나 심하게 싸우거나 배신감을 느낄 수도 있다. 그러나 모두 그런 것은 아니니 오해부터 하지 말 것!

SIX OF SWORDS.

MONEY

1. 그동안 갈등해 오던 투자에 드디어 이익이 난다. 이제야 한숨 돌린다.
   서두르지 말고 지금은 돈을 모아두어야 할 때이다. 과욕은 손실로 이어진다.
2. 이미 떠난 돈은 포기하라. 새로운 수익원을 찾아야 한다. 프리랜서일수록
   수익의 변화가 많으니 지출을 줄이고 사태를 관망해야 한다.
3. 자금을 이동시켜야 한다. 펀드에 있었다면 적금으로, 적금에선 또 다른
   적금으로. 그리고 계를 들었다면 점검할 겸 연락을 서로 취해봐야 한다.
   자금의 이동만 크고 이익은 작은 주간이다.

WORK

1. 이직을 생각하고 있다면, 이번이 적기가 된다. 그러니 지금부터 주변에
   알아보고 면접할 수 있는 곳은 모두 해야 한다. 취업준비생은 먼 곳으로
   취업이 되니 집 근처보다 먼 곳을 알아보라.
2. 이직을 원하는 사람은 이때에 옮길 회사를 알아봐야 한다. 취업준비생은
   취업은 되지만 집과 거리가 멀다.
3. 회사를 옮기고 싶어 한다. 옮길 회사를 빨리 알아보고 움직인다면 이롭다.
   주변에 이야기를 하면 취업에 도움을 받는다. 취업준비생도 취업이 될
   것이다. 단지 좀 거리가 멀다.

LOVE

1. 연인과 조용하고 행복한 한때를 맞이한다. 여러 가지의 이벤트가 생기게
   된다. 함께 만나서 많은 이야기를 나누면 좋은 결과가 생길 것이다.
   연인에게 직장이나 금전으로 좋은 일이 생긴다.
2. 둘만의 여행은 꼭 필요한 것이다. 실행에 옮겨라. 요즘 세상에 굳이 섬으로
   가서 배 끊겼다는 핑계를 댈 필요도 없다. 즐겁게 행복한 시간을 보낼 수
   있는 곳을 다녀오는 것이 좋다.
3. 솔로는 단체여행, 모임이 있다면 꼭 참석하라. 혹시라도 눈을 자주
   마주치는 상대가 있다면 친절을 베풀어라. 좋은 결과가 있을 것이다.

MONEY

1. 여러 사람들과 금전적인 갈등을 일으킨 뒤에 성취한다. 수익은 있으나
   그만큼 위험을 무릅써야 한다. 자신 있게 투자하는 만큼의 소득이 예상된다.
2. 자금의 이동이 생기거나 투자처의 이동, 그리고 기존의 수익 형태가
   바뀌어 새로운 방향을 찾지만 그런 일들이 지연되는 것이 힘들다.
3. 카드 값이 연체될 수 있다. 돌려막기하지 않는 것이 좋다. 차라리 금액이
   적을 때라면 복구할 수 있다. 이리저리 돌리다 보면 작은 돈이 재앙이
   돼서 돌아온다.

WORK

1. 이직은 고민만 하고 행동으로 옮기지 말라. 스스로 고민만 만들 뿐이다.
   회사를 떠나거나 전공을 바꾸고 싶지만 마음만 들썩일 뿐 움직이지
   못한다. 상사와의 인간관계를 잘 쌓도록 노력해야 한다.
2. 출장은 취소되고 이직하려고 미리 면접 본 곳에는 소식이 없게 된다.
   모든 시도는 불길하니 현재 자리를 지키는 것에는 이롭다. 취업준비생은
   어려우니 다음 기회를 기대하라.
3. 기회를 놓치면 늦게 된다. 출장은 지연되고 함께하기로 한 사람들이 일을
   포기하니 스트레스가 많아진다.

LOVE

1. 연인 간에 헤어지는 것이 주제가 된다. 오래된 연인은 마음이 떠날 수가
   있다. 어쩌면 이젠 떠나는 것에 대해 심각하게 고려해야 하지 않을까?
   또는 연인이 며칠째 연락이 끊길 가능성이 있다.
2. 미련이 많으면 새로운 인연을 맺을 수 없다. 떠나보내야 할 마음이
   정리되지 않으니 복잡해지기만 하다.
3. 연인과 멀리 여행을 가려고 했다면 그 일은 지연되거나 방해가 많을
   것이다. 만약 그런 계획이 없다면 이상하리만치 서로 만나기 힘들 것이다.
   마음이 변한 것이 아니라 상황이 방해하는 것이다.

MONEY

1. 자기 몫을 챙기기에 급급하면 인심을 잃는다. 그러나 스스로 챙기지
   못하면 잃는 것이 많으니 갈등이 많은 시기이다. 더 긴 미래를 생각해서
   행동하는 것이 좋다. 또는 빌려준 돈을 떼인다.
2. 뒷정리를 잘하고 자신의 이익을 잘 보호해야 한다. 체면으로 포기한
   돈들이 너무 많아진다. 자신의 몫은 당당하게 이야기하고 보호할 줄
   알아야 한다. 금전운의 키워드는 이기심이 필요함이다.
3. 자신의 몫은 자신이 스스로 챙겨야 한다. 하지만 남의 것까지 탐하지는 말아야
   한다. 금전적인 불안감은 해소되지만 아직 금전운의 불길함은 조금 남아 있다.

WORK

1. 내 몫을 챙겨라. 스스로의 몫은 스스로 챙기지 않으면 남들이 챙겨주지
   않는다. 내가 노력한 이익을 남이 가져가니 속상할 때이다. 결과를 훔쳐갈
   사람을 잘 눈여겨 봐야한다.
2. 자신의 문서관리를 철저히 해야 한다. 비밀이 새어 나가는 불운이 닥칠
   수도 있다. 견적서나 상담내용 등을 잘 관리해야 한다. 취업준비생은
   단기취업만 가능하다.
3. 동업자나 투자자를 믿지 말라. 약속보다는 이익을 바라는 승냥이가 더
   많으니 함께 일해도 불길함이 사라지지 않는다. 목마르다고 독약으로
   목을 축일 수는 없다.

LOVE

1. 내 연인을 누군가 훔쳐간다면? 상대의 감정변화를 살펴라. 늘 같은 마음은
   아닌 것이다. 헤어지고 있는 연인이라면 배신감을 느끼게 될 것이다.
2. 연인 간에 서로 이해하지 못하고 이기심으로 인해 다투게 된다. 서로를
   이해하는 마음보다 '나는 이렇게 해줬는데……' 라며 상대의 반응에 서운함이
   더 심해진다. 아무것도 해주지 말고 기대도 하지 않아야 편안하다.
3. 상대의 이기주의에 지치기도 한다. 마음을 다스리고 화를 억누르는 것이
   이롭다. 믿었던 연인에게 발등을 찍힐 수 있으니 주의하는 것이 좋다.

MONEY

1. 도둑이나 소매치기를 주의하라. 돈을 잃어버릴 수가 있다. 또는 똑같이
   분배하기로 한 일이 있다면 그 돈은 제 몫을 받기 힘들다.
2. 불확실한 곳에 돈을 쓰게 된다. 좀 더 신중해질 필요가 있다. 빌려준 돈은
   많은 시간이 지나야 돌려받게 된다. 불확실한 소문에 휩쓸려 투자하지
   말라. 지금은 가만히 지키고 있어야 할 때이다.
3. 친구의 조언으로 투자한다면 언젠가 그 친구를 원수로 돌리게 될 것이다.
   근거 없는 소문으로만 무성한 정보가 주위에 가득해서 투자는 곧 손실로
   이어진다.

WORK

1. 거래처의 부도 등 믿었던 업체가 나를 배신한다. 직장에서 타인의 흉을
   동료와 보지 말라. 내 말이 새어 나가 곤란하게 만든다.
2. 동업자와 마음이 맞지 않으니 만사 힘이 든다. 지금은 일의 분할에 대해
   고려하고 이익의 분배에 대해 문서로 명확히 해두는 것이 좋다. 직장
   동료의 이기심에 내가 힘들어지기도 한다.
3. 배신자를 주의하라! 항상 친절하고 항상 나에게 잘해주던 그 사람을
   '친절한' 이라는 선입견을 벗은 다음 다시 한 번 바라보아야 한다. 만약
   발견한다면 피해는 입지 않을 것이다.

LOVE

1. 솔로는 고백하면 거절당한다. 조용히 지나가라.
2. 연인이 날 배신할 위기가 생긴다. 집이라고 대답하는 연인의 전화 속에
   이상한 주변 소리가 들릴 것이다. 어디서 밤 새는지 정도는 미리 알아두는
   것이 좋지 않을까?
3. 헤어질 생각이 아니라면 감시에 대해서는 아예 포기하는 것이 현명하기도
   하다.

EIGHT OF SWORDS.

MONEY

1. 자금을 구하기보다 버티는 것이 중요하다. 경솔한 판단이 더 위험을 부추긴다. 투자손실은 함부로 손대지 말고 다음 기회에 해결할 기미가 보일 때 움직여라.
2. 독촉에 시달리는 것은 스스로 관리하지 못했기 때문이다. 인내하고 지출을 줄여라. 몇 주 후에 해결될 것이다.
3. 사방에 진출로가 없다. 가장 안전한 선택은 그 자리에 가만히 서 있는 것뿐이다. 자금을 구하기 위해 함부로 움직이면 그로 인해 나중에 피해를 입게 된다. 어려울 땐 어려운 대로 긴축하고 참아내야 한다.

WORK

1. 사방이 움직이기 힘든 때이다. 갇히고 묶여 있으니 움직이지 못하고 눈까지 가리니 알 수 없는 것이다. 불안하다고 경거망동하면 오히려 손해만 입게 된다. 취업준비생은 조금 더 기다렸다가 지원할 것.
2. 이때에는 복지부동. 자신의 자리를 지키는 데만 온 신경을 집중하고 있는 것이 당신에게는 최선이 될 것이다. 행여 다른 사람이 피해를 받게 된다 해도 당신이 움직이지 않으면 당신은 안전하게 될 것이다. 지금의 현실이 아무리 위험하다고 해도 그 자리에 있는 것이 가장 안전한 것이다.
3. 지금은 진퇴양난이니 위험하고 불안하다고 해서 함부로 움직이면 곤란해진다. 차라리 허송세월이 더 문제를 일으키지 않을 것이다.

LOVE

1. 연인 간의 오해가 지속된다. 뒤에서 누군가 말을 늘리고 있다. 점점 오해는 깊어갈 뿐이다. 풀게 있다면 빨리 풀어야 하지만 헤어지기로 마음먹었다면 아무것도 하지 않아도 된다.
2. 상대의 마음을 알 수 없으니 점점 마음은 괴롭고 이럴까 저럴까 갈등에 휩싸이게 된다. 가장 좋은 해결책은 가만히 생각을 멈추고 기다리는 것이다. 이런 답답함은 이때에만 해당되기 때문이다.
3. 지금은 손발이 묶인 상태니 함부로 움직이지 말라. 연인과 다투었다면 잠시 소강상태로 지내고 연인과 사이가 좋다면 노예노릇을 하게 된다. 솔로는 소개팅에서는 짝을 짓지 못하니 서러워진다.

EIGHT OF SWORDS.

MONEY

1. 가끔은 자금이 묶여 고통 받던 사람들에게 이 카드가 나오면 그 상황이 갑작스럽게 변화하여 좋게 바뀌기도 한다.
2. 현재 있는 금전을 잘 지키는 것이 중요하다. 적금을 깨면 그 돈은 바람처럼 사라진다. 서둘지 말고 시기를 늦추면 조금씩 나아진다. 단지 마음 상할 일이 많다.
3. 인내하며 지내야 하는 때이다. 자금 상황은 잠시 풀리지만 그것은 일시적인 영향이다. 돌아올 것을 예상하고 새로운 지출을 만들지 않는 것이 좋다.

WORK

1. 묶여서 답답했던 시기가 지나고 이제 묶인 밧줄을 풀고 일을 추진해야 할 때이다. 실행되는 일이 많아지니 흑과 백을 명확히 하여 진행해야 한다.
2. 빠르게 진행해야 할 일들을 미루고 있다가 문제가 생긴다. 거래처 간에 약속을 지키기 힘드니 여유를 갖지 말고 신속하게 미리 해놓는 지혜가 필요하다. 취업준비생은 면접에 늦는다. 주의할 것!
3. 하루 앞을 예측할 수 없었던 일들이 이제야 벗어나 계획을 세울 수 있게 된다. 자신의 일에 대해 계획을 세울 수 있고 그동안 대인관계에서 불안했던 것들이 원활하게 돌아가기 시작할 것이다.

LOVE

1. 연인 간에 질투의 시기가 다가온다. 사랑해서 일어나는 질투인지, 자존심 싸움인지 스스로 점검해 보는 게 좋다. 오래 끌지만 않는다면 큰 문제는 없다.
2. 연인의 과거를 알게 된다. 당신의 선택은 어떤 쪽으로 가게 될 것인가? 당신이 감당 못 할 것을 알고 싶지 않다면 귀를 막고 눈을 감는 것이 좋다.
3. 연인의 알 수 없는 마음이 이제야 드러나 알 수 있게 된다. 단지 그것이 좋은 것인지 나쁜 것인지는 판도라의 상자와 같다. 단지 알 수만 있게 된다는 뜻이다.

NINE OF SWORDS .

MONEY

1. 돈 문제가 생각보다 심각해진다. 처신을 잘해야 한다. 아홉 가지의 고통이
   밀려드니 잠을 이룰 수 없다.
2. 돌려받기 위해 상대에게 너무 심한 말을 하지 말라. 그것은 더 큰 상처로
   돌아올 것이다. 돈 문제로 잠들지 못하는 때이나 곧 풀릴 것을 생각하고
   극단적인 생각은 하지 말아야 한다.
3. 우울한 마음을 떨쳐라. 새로운 기회는 찾아오는 법이다. 항상 투자의 실패는
   세상의 탓이 아니라 자신이 그 세상을 관찰하는 것을 게을리 한 탓이다.

WORK

1. 일을 하기 힘든 시기이고 문제가 많이 발생하는 시기이니 조금은
   주의하고 활동을 줄여야 한다. 사방에서 생기는 불만은 어쩔 수 없는
   시기이며 스스로 속 태울 필요는 없다.
2. 직장 내 오해를 주의하라. 구설수가 난무한다. 이로 인한 불명예를 지게 될
   수도 있다. 가만히 이런 때가 지나가길 기다리는 것이 좋다.
3. 남의 과오를 뒤집어쓰게 된다. 억울하다고 나설 필요 없다. 시간이 지나면
   밝혀진다. 그러나 피해갈 수 있는 일인데 뒤집어쓰게 된 것은 억울할
   뿐이다. 취업준비생은 분야 지원에 실수가 있다.

LOVE

1. 이별의 통보를 받게 될 수 있다. 또는 좋았던 관계가 작은 실수로 급격히
   악화될 수 있다. 아주 친한 사이라도 이럴 때는 조금 거리를 두고 예의를
   지키는 것이 좋다. 실언을 피하기 위해 말수도 줄이는 것이 좋을 듯.
2. 내가 비평받고 싶지 않다면 상대를 비평하지 않는 것이다. 연애는 상대를
   평가하기 위해 하는 것이 아니다. 서로의 단점을 다듬어 장점으로
   변화시키는 것이 연인이다.
3. 억울한 누명 같은 뒷담화에 시달린다. 주의하고 신경 써라! 친구가 연인을
   갈라놓는다. 솔로는 이런 시기에 고백하거나 대시하는 것은 좋지 않다.

MONEY

1. 고소 등의 관재운이 같이 들어온다. 이는 돈으로 인한 분쟁이 생길
   징조이다. 애매모호하게 돈을 사용하면 결국에는 횡령이 된다. 이처럼
   경계선 없는 금전관리는 자신에게 칼이 되어 돌아온다.
2. 돈 때문에 양심의 가책을 받게 된다. 또는 타인으로부터 의심을 받게
   된다. 오해가 될 일들은 미리 대화를 통해 없애는 것이 좋다.
3. 돈 문제로 시름하게 된다. 빚이 있다면 심한 독촉에 시달리기도 한다. 또는
   돈 문제로 사소한 구설에 휘말리기도 한다. 그동안 극심하게 돈 문제로
   힘들었던 사람들에게는 그 상황을 벗어나는 카드가 된다.

WORK

1. 마음의 상처를 벗어나게 되니 직장 내 오해와 분규에서 자신의 문제는
   해결될 것이다. 하지만 아직 모든 문제가 해결된 것은 아니니 항상
   구설수를 주의해야 한다. 취업준비생은 떨어졌던 곳에서 다시 연락이 올
   수 있다.
2. 이제 괴로움에서 벗어나게 될 것이다. 그동안 직장이나 거래처로부터
   배신감을 느끼고 동료들에게 시달렸다면 그 오해가 해결되거나 그 대상이
   사라지게 된다.
3. 힘든 일, 오해와 두려움에서 벗어나니 조금은 편안해진다. 취업준비생은
   기대하지 않던 곳에서 연락이 온다.

LOVE

1. 화해의 기회가 찾아온다. 배신한 줄 알았던 연인의 진심을 알게 된다.
   그러나 솔로는 오히려 짝사랑만 깊어지거나 외롭다. 마음만 답답하다.
2. 깊은 슬픔에서 빠져나오니 이별의 직전에서 다시 회복되기도 한다. 또는
   오해가 풀려 관계가 회복된다. 그러나 아주 행복한 연인이라면 오해를
   살만한 행동은 안하는 것이 좋다.
3. 연인 때문에 속상한 일로 잠들 수 없다. 또는 짝사랑이 고통스러워 진다.
   단, 그동안 그런 식으로 힘든 사람이었다면 그 해결의 힌트를 얻게 된다.

TEN OF SWORDS.

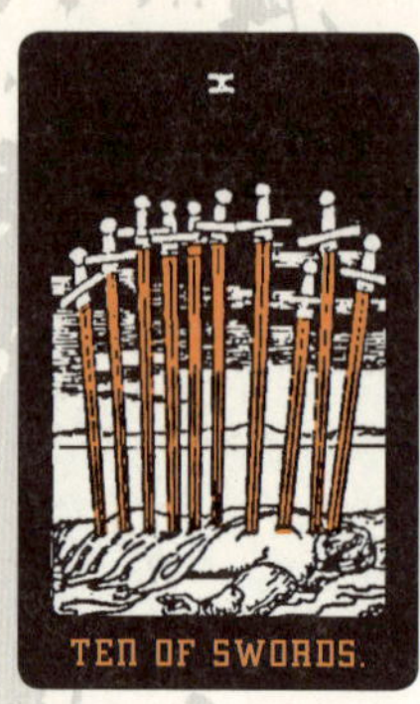

MONEY

1. 진퇴양난. 돈 문제가 자꾸 꼬인다. 미리 말해둔 것이 지키지 못할 약속으로 넘쳐난다. 빌려준 돈도 돌아오지 않는데 나갈 곳의 약속은 쌓였다. 눈 감고 시간이 지나길 기다려라.
2. 돈을 회수하기 어렵고 또 받기로 한 돈을 받기도 어렵다. 자금이 말라붙는 시기이니 복지부동하고 있는 것이 좋다.
3. 금전 문제로 배신감까지 느끼게 된다. 사람들에게 상처 입을 수 있으니 주의할 것!

WORK

1. 고민이 많다. 이것저것 믿었던 동료가 뒷담화를 즐기고 있다. 물질적인 상처보다 마음의 상처가 더 깊어진다. 구두약속된 곳에서 약속이 지켜지지 않는다. 취업준비생은 좋은 소식을 기대하기 어렵다.
2. 배신과 인간관계의 단절, 해놓았던 일의 새치기, 그렇게 힘든 시기의 운세이다. 함부로 움직이지 말고 주위를 살펴가며 조심해야 한다.
3. '아, 정말 못 견디겠다' 라고 생각이 들 때 한 번 더 견뎌야 한다. 취업준비생은 다 된 밥에 콧물이 빠진다. 출근이 결정되면 당장 오늘이라도 나가서 얼굴도장 찍어야 취소되지 않는다.

LOVE

1. 연애로 인한 스트레스와 고민에 잠기게 되는 때이다. 상대에게 실망감밖에 느낄 수 없으니 말도 못하고 혼자 식어갈 뿐이다.
2. 연인에게 당하는 배신감은 평생을 가도 지워지지 않을 만큼 괴로운 것이다. 헤어진 뒤에 헤어진 이유를 알게 될 때 차라리 모르는 것이 낫다고 생각하게 될 것이다.
3. 엉뚱한 소문으로 두 사람의 관계가 상할 수 있다. 오해를 풀기 어려우니 당장은 나서지 말라, 그러면 곧 진원지를 알게 된다.

MONEY

1. 빚 때문에 고민하고 있었다면 조금의 해결책이 나타나게 될 것이다.
   사람들과 돈에 대해 이야기하지 않는 것이 좋다.
2. 막혔던 금전운이 극단적인 상황에서 풀려나기 시작한다. 이제야 자금이
   융통이 되어 여유가 생기지만 그리 넉넉하지는 않다. 소비를 줄이고
   필요한 지출부터 해나가면 여유로워진다.
3. 그동안 배신감을 느낄 정도로 힘들었다면 그 금전적인 문제에서 조금씩
   해결이 되어 나갈 것이다. 그러니 돈 문제에 관해서 조금은 적극적으로
   나서야 한다.

WORK

1. 꼬이고 막히고 배신당한 듯한 문제들이 방향 전환을 통해 다시 원래의
   자리로 돌아가기 시작한다. 모든 일의 해결점이 이제 시작되니 자신의
   입장을 분명히 하는 것이 좋다.
2. 업무나 인간관계, 상사와의 문제, 거래처의 문제 등이 해결의 기미가
   보인다. 모든 것은 오해로 인해 생긴 일이니 자신의 입장을 이야기하면
   해결될 것이다.
3. 인간적인 관계에서 힘들었다면 그 어려움에서 벗어나게 될 것이다. 오해를
   받았거나 배신감이 들었던 문제들도 화해하거나 서로 이해하기에 힘써야
   한다. 어려웠던 업무나 문제들이 해결될 기미가 보이니 대처를 잘해야 한다.

LOVE

1. 그동안 헤어질 뻔한 관계가 회복되기도 한다. 오해를 풀기에 좋은 시기이다.
   단, 그동안 사이가 좋았다면 이 시기에는 갑자기 사이가 나빠진다.
2. 돌아섰던 연인이 마음을 돌린다. 또는 지금까지 사이가 좋았다면 한번쯤
   불시에 전화를 걸어라. 상대가 버벅이면 의심해보아야 한다. 연인 간에
   뒤통수를 조심하자.
3. 연인과 깊고 깊은 오해에서 풀려나 이제 서로를 바로 보게 된다. 그동안
   좋았던 연인은 다투지 않는 것이 이롭다. 한 번 꼬이면 풀리지 않는다.

PAGE OF SWORDS.

MONEY

1. 돈은 유연성 있게 사용해야 한다. 당신의 통찰력으로 작은 이익을 얻을 수 있다. 아직은 실력이 부족하니 전문가의 조언을 얻는 것이 좋다.

2. 살펴보라. 투자할 곳과 타이밍을 당신은 알고 있다. 아직은 서툴지만 투자에 도전할 시기. 이익이 예상되는 금전운.

3. 조그만 일에 투자를 고민하게 된다. 여유자금이라면 투자를 하고 대출자금이라면 투자는 금물이다. 비싼 물건을 구입하려면 좀 더 자세히 알아봐야 한다. 급하게 사면 잘못 사거나 비싸게 산다.

WORK

1. 업무에서 새로운 일이 시작된다. 지금은 잘 모르는 분야라서 망설이지만 조금만 노력을 한다면 좋은 성과와 경력을 쥘 수 있는 기회가 되기도 한다.

2. 당신의 성실함이 당신을 도울 사람을 불러들인다. 좋은 소식을 가지고 낯선 사람이 찾아오게 된다. 취업준비생은 처음 보는 사람의 도움으로 취업의 기쁜 소식을 듣게 될 것이다.

3. 활동적인 행동만큼 성과와 기쁨이 찾아온다. '남이 해주겠지' 라는 생각은 버려라. 깊게 생각하고 움직이면 막히는 일 없이 풀려간다. 취업준비생은 자신의 현실을 관찰하고 능력에 맞는 곳에 지원하면 좋다.

LOVE

1. 상대에게 관심을 가지고 지켜보라. 기회가 곧 도래할 것이다. 유연한 모습으로 대처하다가 대시하면 상대를 연인으로 만들 수 있다.

2. 소개팅 등에 관심을 기울이고 용기를 가져야 한다. 적극적으로 나가라. 서툰 연애의 시작이 암시되니 알 수 없는 상대의 마음을 확인하려면 반드시 질문을 던져야 한다.

3. 서먹한 연애의 과정이라면 작은 이벤트를 통해 상대의 마음을 확인할 필요가 있다. 솔로에겐 평소 눈여겨 본 상대에게 대시해볼 만한 때이다.

MONEY

1. 가능할 줄 알았던 예상 지출이 갑자기 부푼다. 주의하라! 카드값 등 예상을 넘는 지출을 감당하기엔 당신이 준비한 돈이 부족하다.
2. 금전운이 어려워지는 시기. 모든 것에 부담을 느끼게 될 것이다. 꼭 필요한 것과 그냥 필요한 것을 나누어 지출을 줄이고 어려워도 빚을 지지 않는 방법을 선택하는 것이 좋다.
3. 나쁜 소식이 찾아온다. 벌금, 잊어버린 연체금, 몰랐던 지출 구멍이 떡 하니 입을 벌리고 있다. 예비금을 준비해 두는 게 좋다.

WORK

1. 과로를 주의하는 것이 좋다. 일도 좋지만 몸 생각을 해야 한다. 앞에 놓여있는 일이 중과부적이다. 힘든 시기의 운이다. 취업준비생에게는 상황이 좋지 않은 계약직 등의 취업이 예상된다.
2. 업무 과실이 생길 수 있으니 주의할 것! 이것저것 일을 섞어 하다 헷갈리면 뒤죽박죽이 되어버린다. 가뜩이나 서툰 일에 실수가 겹쳐지니 감당하기 어렵다.
3. 자신은 맞다고 확신에 차있지만 스스로 모르는 문제가 많이 있다. 주변에서 만류해도 새로운 일을 시도하려 한다. 자신이 맡은 일이 낯설어 일의 진척이 늦어진다.

LOVE

1. 서툴게 새로운 만남을 시도하지 말라. 정말로 서툴러진다. 헤어진 연인에게 자꾸 연락이 오니 스토커가 되어가는 것이 아닌지 자꾸 고민하게 된다.
2. 아직은 망설여도 된다. 선택의 갈림길에서 연인을 마주 보면 할 말을 다 하지 못한다. 헤어지려고 마음을 먹어도 막상 그 말을 꺼내지 못하는 착잡함이 이어진다. 차라리 시간에 맡기는 것은 어떨까?
3. 연인 간의 의견조율에 실패, 그리고 냉각기에 들어간다. 되도록 의견을 물어야 할 일을 만들지 말라. 다투게 될 뿐이다. 다투지만 않으면 새로운 맛집을 찾아갔다가 맛없어서 우울한 것 정도로 끝난다.

KNIGHT OF SWORDS.

MONEY

1. 사방에 투자의 기회가 열려 있다. 이것저것 생각하지 않고 달려드는 것은
   위험하다. 심사숙고하여 선택하면 큰 이익을 보게 된다.
2. 자신의 금전관리를 잘 해나갈 수 있는 시기이다. 자신이 생각하는 대로
   준비하고 투자하고 운영하는 것이 좋다.
3. 투자는 이제야 타이밍이 돌아온다. 사려고 했던 물건을 살 수 있다.
   계획했던 돈에 관한 일을 하나씩 진행해 나가면 된다.

WORK

1. 업무에 성과가 나타나기 시작한다. 대신 그만큼 자신이 피곤해야 한다.
   마음만 힘든 것이 아니라 몸도 함께 힘들어진다. 다만 그만한 이익이
   있으니 불평하지 말라. 취업준비생은 취업이 된다.
2. 자신의 분야에서 좀 더 확고하게 자리를 잡게 될 것이다. 자신의 업무에
   성과가 높으니 많은 부가이익이 생길 것이다. 하지만 도전하지 않고
   있다면 그냥 좋은 운으로 지나간다.
3. 새로운 일을 추진하기 좋은 시기. 정체되었던 업무가 술술 풀려나가게
   된다. 어려운 일은 주변에 도움을 청하면 도움을 받을 수 있다.

LOVE

1. 관심 있는 상대에게 강하게 어필하고 고백을 추진하라. 당신의 그런
   모습에 상대는 반하게 될 것이다. 두 눈 딱 감고 상대에게 고백하면
   상대가 예상 외로 받아준다. 문제는 용기다.
2. 여행에서 이벤트까지 함께하는 것을 즐겨라. 고백할 상대가 있다면
   도전하는 것이 좋다. 시기가 다가오니 타이밍을 놓치지 말라.
3. 연인과의 현재 상황에 따라 좋을 수도 있고 나쁠 수도 있다. 헤어지기
   전이라면 헤어지게 되며, 새로운 연인을 사귀기 위한 시기라면 고백한
   상대에게서 좋은 소식이 온다.

MONEY

1. 충동적인 지출이 내 통장을 비운다. 항상 심사숙고하고 주변의 의견을 들어본 후 지출해야한다. 벌기는 어렵고 쓰기는 쉽다.
2. 과욕은 화를 부른다. 세상은 자신의 능력도 중요하지만 시기적인 문제도 중요하다. 적절한 시세판단을 하지 않으면 손해를 입게 된다.
3. 눈치 빠르게 대응하지 못했다면 당신은 돈에 대한 실망과 슬픔에 잠긴다. 이는 게으름으로 변화를 놓친 탓이다. 만약 그동안 돈 때문에 힘들었다면 반전이 일어날 수 있다.

WORK

1. 자신감이 넘쳐 실수하게 되니 아는 길도 물어가라. 준비는 넉넉하게.
2. 새로운 일을 시작하기에는 타이밍이 좋지 않다. 프로젝트는 조금 미뤄서 시작하는 것이 이롭다. 출장이나 미팅 약속 등이 미뤄지니 긴장을 풀고 여유 있게 지내야 한다. 취업준비생은 다음 기회를 기다리는 것이 낫다.
3. 직장이나 거래처와 엉뚱한 경쟁에 의해 관계가 손상된다. 자신이 관리하고 있는 팀이나 주변 사람들, 거래처를 주의하라. 취업준비생은 취업을 앞두고 이성교제로 인해 때를 놓치게 된다.

LOVE

1. 연애의 문제는 서로의 속마음을 모르면서 넘겨짚으려고 하기에 생기는 문제가 많다. 그로 인해 엉뚱한 행동이 엉뚱한 결실을 만들게 된다. 아무리 궁금하고 잘 모르겠어도 넘겨짚지 말아야 한다.
2. 두 사람의 문제는 아직 확정적이지 않은 것을 현실화된 것처럼 미리 고민하는 것이다. 일어나지 않을 일을 일어난 것처럼 고민하는 것도 바보짓이 아닐까? 솔로는 고백도 하지 않고 상대와 결혼해서 아이를 낳는 것까지 상상만 하고 있지 말라.
3. 연인 간에 말조심해야 할 시기이다. 귀가 삐뚤어져 상대가 하는 말을 삐뚤어 듣는다. 자신이 예민한 시기이기에 상대의 말을 엉뚱하게 해석하고 다투게 될 수 있다.

QUEEN OF SWORDS.

MONEY

1. 마치 전문가처럼 꼼꼼하게 관리되고 있는 자금, 새로운 투자보다는
   철옹성처럼 작아도 안전하게 쌓이는 금전 거래를 선택하게 될 것이다.
2. 지금 투자할 사람은 이익을 볼 수 있다. 그러나 예전에 실수로 투자한
   것에는 손실이 따른다. 이는 금전운에 반전이 있다는 얘기다. 돈 문제로
   인간관계가 나빠지기도 한다.
3. 큰 돈이 오가는 중에 내 이익이 생긴다. 내가 움직이면 돈이 생기는
   것으로 내가 움직이지 않으면 새로운 이익은 없다. 주변을 살펴볼 것.

WORK

1. 눈치 빠르게 행동하라. 주위에 변화가 빠르게 일어나고 있다. 기회를
   놓치면 자신에게 상당한 불이익이 생기게 될 것이다. 그로 인한 상실감은
   이루 말할 수 없다.
2. 자신이 맡은 일에 성과가 나타나고 그로 인해 자신의 자리를 더 단단하게
   지켜나가게 된다. 하지만 그렇다고 이 일, 저 일 덥석 늘려 놓으면
   힘들어진다. 추가되는 일들을 잘 구분하고 분리하여 진행하면 좋은
   결과가 생길 것이다. 취업준비생은 취업이 된다.
3. 일시적인 이익이 생겨난다. 찰나의 선택으로 당신은 이익과 성공을 얻게
   될 것이다. 이 일은 상당히 짧은 기간의 이익이다.

LOVE

1. 두 사람이 같은 희망을 향해 걸어간다. 연애운이 급상승한다. 솔로에게는
   기다리던 사람이 나타날 수 있는 운이다.
2. 연인 간에 애정이 돈독해지는 기간이다. 전화를 걸 땐 상대가 나에게 동시에
   전화를 해오는 우연함이 발생하는 시기이다. 애정의 힘을 남용하지 말라.
3. 연인 간에 여성이 주도권을 잡고 연인을 자신의 뜻대로 하려고 고집을
   피운다. 그리고 상대가 그에 부응해 따라올 것이다. 그러나 남자라면
   여자에게 휘둘려 정신이 없게 된다.

MONEY

1. 결정을 잘해야 한다. 차라리 우유부단함이 도움이 된다. 자금집행에
   순서를 잘못 잡아서 곤란에 빠질 수 있으니 자금관리에 부쩍 신경을 써야
   한다. 들어오는 돈보다 나가는 돈이 많다.

2. 대출이나 빌리는 금전운이 좋지 않다. 금전을 구하기 힘드니 큰 돈을
   구하지 말고 작은 돈을 구하는 것이 더 낫다. 작게는 풀리지만 크게는
   풀리지 않는 금전운이다.

3. 큰 돈이 지출될 가능성이 높아진다. 받을 돈이 있어도 한 번에 들어오지
   못한다. 나누어져 들어오게 될 것이다. 차라리 우유부단해지는 것이 낫다.
   돈에 관련된 약속을 하지 않는 것이 이롭다.

WORK

1. 거래처가 배신하든가, 함께 일했던 사람이 날 버리고 자신의 이익을
   찾아간다. 행여 사기꾼과 동업할 일은 꿈도 꾸지 말아야 한다. 구세주 같은
   모습으로 사기꾼이 다가온다.

2. 옅은 소리에 혹하면 이래저래 손해 볼 일이 늘어난다. 선한 얼굴로
   접근하는 사람을 주의하라! 취업준비생은 ‘사무직을 지원했더니
   영업직이더라’ 는 식의 애매한 곳은 지원하지 않는 것이 좋다.

3. 내부의 문제를 잘 다스려야 한다. 뒤에서 생기는 문제를 해결하지 못하면
   차후에 곤란해진다. 취업준비생은 자기소개서부터 다시 써야 한다.
   간단한 아르바이트 정도만 가능하다. 이 시기에는 무리한 일은 추진하지
   않는 것이 좋다.

LOVE

1. 슬픔에 찬 애정의 기간, 상대를 잃을 수 있다. 이별 또는 사별, 당신의
   연애운은 갑작스러운 슬픔을 예지하고 있다.

2. 괜한 자존심에 말을 함부로 하거나 극단적인 대화로 관계만 무너진다.
   차라리 진정하고 화가 식을 때까지는 말을 하지 말라. 아니면 나중에 따로
   기회를 만들어 침착하게 말을 하는 것이 낫다.

3. 과거에 미련이 많으면 우연히 온 전화나 문자에 마음만 설레고 아프다.
   지금의 연인과 헤어지려고 해도 미련이 많아 헤어지지 못하는 괴로움도
   있다. 연애에 끌려 다니게 되니 신중하게 생각할 것.

KING OF SWORDS.

MONEY

1. 빌려준 돈이 돌아올 수 있는 때이다. 미리 말을 해두어야 한다. 금전운은 상승하고 있지만 자신이 모두 움직여야 해결이 된다.
2. 투자에 좋은 판단력이 따른다. 금전관리에 탁월한 운이 발동하니 이럴 때 여러 가지 조건이 좋은 것을 알아보는 것도 좋다.
3. 돈의 문제들이 해결되고 해결의 주체가 바로 자신이 된다. 들어오고 나가는 돈의 규모가 평소보다 큰 편이니 각별히 신경 써서 지출하는 것이 좋다.

WORK

1. 무언가 큰 일을 결정하고 밀고 나가야 하는 시기가 도래했다. 성급한 결정보다는 침착하게 자신의 입지와 주변의 상황을 고려해서 밀고 나가야 한다. 취업준비생은 이제 취업할 기회가 온다.
2. 통찰력을 발휘하여 업무에 임하라. 머리를 쉬면 실패한다. 지켜보는 가운데 나를 배신할 사람과 나에게 이익을 줄 사람을 정확히 구분하게 된다.
3. 진행되던 프로젝트가 드디어 성공한다. 그러나 이것은 일시적인 영향이다. 지속되는 것을 기대하지 말라. 취업준비생은 지원했던 회사에 전화해 보라. 또는 기다리던 결원의 자리가 생겨 기회를 얻게 된다.

LOVE

1. 연인과 미래를 꿈꿔야 할 때이다. 나의 리더십이 상대로 하여금 배우자로서의 신뢰를 받게 한다. 단, '리더는 폭군이 되는가? 성군이 되는가?'에 따라 결과가 달라진다.
2. 연인 앞에서 우유부단한 모습만 보이지 않는다면 당신은 연인에게 많이 어필할 수 있을 것이다. 당신의 노력하는 모습이 상대를 반하게 만든다.
3. 당당하게 이끄는 힘으로 연인을 쟁취하게 된다. 삼각관계였다면 내가 승리할 것이고 그동안 의견분쟁이 있었다면 내 의견을 따라주게 된다. 연애에 있어 주도권을 잡는 시기가 된다.

MONEY

1. 망설이고 망설이다 구입한 것이 오히려 남들보다 비싸게 구입하게 된다. 손해가 두려워 망설이지만 손해를 입는다. 되도록 비싼 물건의 구입을 피하는 것이 좋다.
2. 금전운이 나쁜 쪽으로 달리고 있다. 심한 독촉이 이어지거나 카드 값 연체 등 여러 가지 트러블이 생긴다. 큰 지출이 있으니 자금의 여유가 있어도 주의할 것!
3. 금전이 바닥나고 있는 상황. 불필요한 지출이 많았는지, 지출될 부분을 깜빡 잊었는지 압박이 심해진다. 침착하게 대처해야 한다.

WORK

1. 결단을 내리기 힘들어진다. 그로 인한 신용도가 떨어지게 되니 우왕좌왕하지 않아야 한다. 조금 미루고 상황을 지켜보는 것이 정답이다. 취업준비생은 잠시 대기상태가 되니 기다려야 한다.
2. 경쟁이 많고 투쟁이 많은 시기이다. 그리고 쓸데없는 근심이 넘치는 시기이다. 조용히 지나가길 기다려야 하는 시기이다. 취업준비생은 경쟁이 높으니 다른 곳도 함께 알아보아야 한다.
3. 직장 내에서 자존심을 세우지 않는 것이 좋다. 직장 상사와 다툼이 생길 수 있다. 이런 시기에는 며느리가 된 기분으로 상사의 비위를 맞춰줄 필요가 있다. 취업준비생은 좋은 소식을 기대하기 힘들다.

LOVE

1. 결단력 부족이 나쁜 결과를 불러오게 된다. 미루고 미룬 갈등이 이제 문제가 되니 침착하게 대처해야 한다. 또는 헤어지기로 마음먹은 연인과 질질 끌게 된다.
2. 연인 간에 책임질 일은 조심해야 한다. 문제가 생기고 그에 대한 갈등이 심화된다. 헤어지는 것이 모든 일의 해결책이 되지 않는다.
3. 연인과 헤어짐의 징조가 보인다. 그러나 우유부단하여 헤어지지도 화해하지도 않는 상태가 지속될 것이다. 시간에 맡기는 것이 좋다.

ACE OF CUPS.

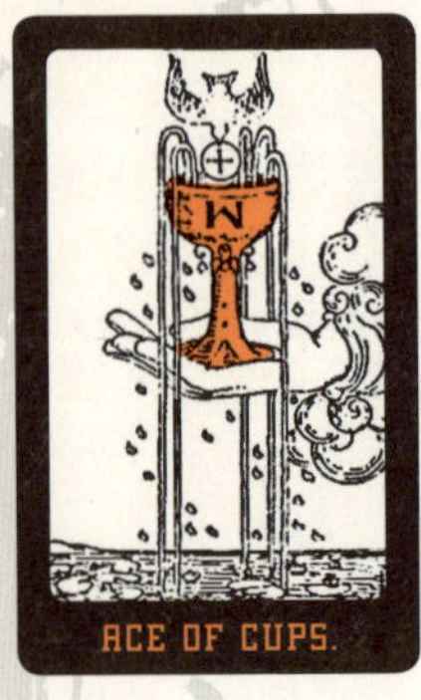

MONEY

1. 자신은 만족하는 금전운이지만 그렇게 풍족하지는 않다. 만족감으로 인한
   소비를 자제하라. 쓰다 보면 남는 것이 없다.
2. 금전운이 충만하다. 이제야 만족감을 느끼니 감정에 따라 여기저기 물
   쓰듯 돈 쓰는 것만 자제하라.
3. 활동력과 아이디어가 곧 돈이 된다. 적절한 금전의 회전은 이익을 부른다.
   돈의 지출과 수입이 바쁜 금전운.

WORK

1. 그동안 해왔던 일에 성과가 나타난다. 좋은 소식들이 들려온다. 이제야
   일적으로 마음이 편해진다. 취업준비생도 좋은 소식을 듣게 될 것이다.
2. 지위의 상승과 또는 새로운 일을 시작하거나 창작 등의 업무를 하는
   사람에게는 이롭다. 곧 자신에게 필요한 기회가 생기니 기회를 놓치지
   말고 시도할 것.
3. 유망한 전망, 풍요로운 현재의 직장운. 이럴 때 방심하면 유혹에 휘말린다.
   주의할 것! 취업준비생은 생각하고 있는 곳에 지원하라. 좋은 소식을
   기대할 수 있다.

LOVE

1. 연인과 즐거운 한 때를 보내게 된다. 혹은 임신할 수도 있다. 또는
   즐거움에 취해있다 보면 미래를 잊어버릴 수도 있다.
2. 솔로는 소개팅이 있다면 버선발로 뛰어나가라. 좋은 짝을 만난다. 자신과
   마음이 맞는 친구 같은 인연을 만나게 된다. 많은 만남을 가져라. 시도하면
   좋은 대답을 얻을 수 있다.
3. 두 사람의 마음이 하나가 되는 좋을 때이다. 이제 연애에 대한 마음이
   한곳으로 정해지고 갈등이 사라진다. 상대가 알아줬으면 하는 마음의
   이야기는 이때 하는 것이 좋다.

MONEY

1. 목돈 나갈 일이 생길 것이다. 어쩔 수 없이 쓰게 되니 마음 상하지 않고 쓰는 것이 현명하다. 들어올 돈보다 나가는 돈이 크다. 절약하고 꼭 써야 하는지를 먼저 판단해야 한다.
2. 불안정한 금전운, 이익이 되기도 하지만 장기적으로 볼 때는 손해라고 볼 수밖에 없다. 갈등이 심할 때는 그냥 포기하고 현재 가지고 있는 것을 지키는 것이 좋다.
3. 검은 돈, 또는 비정상적인 수익, 그리고 유흥을 위한 지출, 이것이 키워드가 된다. 무엇이든지 자신이 후회하지 않을 만큼 해야 한다.

WORK

1. 기쁨보다는 실망이 많을 수 있다. 불안정한 때에는 함부로 움직이지 않는 것이 좋다. 거래처는 달콤한 말을 할 뿐 결과는 내지 않는다.
2. 스트레스가 가중된다. 주변의 불협화음이 많으니 마음이 불안정하다. 직장을 떠나고 싶은 마음이 간절해지기도 한다.
3. 직장에서 기대한 만큼의 성과가 나오지 않는다. 거래처와 잘되던 교섭이 흔들리기 시작한다. 방심하지 말고 그때그때 잘 대처하는 것이 좋다.

LOVE

1. 연인과 말다툼이 큰 문제를 야기한다. 말을 많이 하지 말고 조용히 영화나 보는 것이 좋다. 사소한 말이 오해를 불러일으켜 크게 번지니 감정싸움이 생길 만한 말은 절대로 하지 말라.
2. 연인으로 인해 실망스러운 마음을 감출 수 없다. 또는 연인의 한마디 말에 상처를 입는다. 연인의 말에서 나오는 독설을 알아서 잘 피해야 한다. 상대는 무심코 이야기를 한 것이 당신에게는 비수로 날아와 꽂힌다.
3. 연인이 있든 없든 유난히 마음이 허전하다. 스스로 감정조절에 힘써야 한다. 연인이 무엇을 하든 서운하다는 건 자신의 마음이 방황하고 있다는 것이다.

TWO OF CUPS.

MONEY

1. 빌려준 돈이 돌아오거나 내 손을 떠나 포기한 돈이 돌아온다. 돈으로 인해
   사람의 마음을 얻으니 경계와 친절을 함께해야 한다.
2. 여러 사람과 함께하는 투자 또는 계모임 등에서 이익이 발생한다. 혼자
   하는 투자계획은 위험하니 주변에 정보를 들어보라.
3. 금전적인 문제가 해결되기 시작한다. 주변의 도움도 생기고 또 스스로
   구하기도 원활해진다. 그동안 받지 못한 것은 독촉 한 번쯤은 해봐도
   좋다.

WORK

1. 직장 내 팀원 간에 교류가 좋아진다. 서로 화합하는 시기이다.
   취업준비생은 좋은 소식이 올 수 있다.
2. 거래가 성립되고 견적 넣었던 곳에서 계약이 온다. 부지런했던 만큼
   수확을 거두어들이는 시기이다. 취업준비생도 취직이 될 운이다.
3. 거래의 교섭, 미팅 등 영업사원에게 좋은 운세이다. 사무직은 자기만족,
   영업사원은 찾는 손님이 많고 매장은 이익이 늘어난다.

LOVE

1. 연인과 마음이 잘 맞는 시기가 된다. 둘이서 맥주집을 가도 예전에 처음
   만났을 때처럼 가슴이 설렌다. 소개팅에서는 좋은 인연을 만나게 된다.
2. 그동안 다퉜다면 이제 화해의 기회가 돌아온다. 다시 사이가 좋아지니
   엉뚱한 이야기만 피하면 된다.
3. 좋은 일이라면 깜짝이벤트, 청혼 등일 수 있다.

MONEY

1. 돈 때문에 실망스러운 일들이 생긴다. 여럿이 나눠야 하는 돈들에 대해 신경을 많이 써야 한다. 안심하고 있던 돌아올 돈이 지연된다. 그렇다고 다투는 것은 좋지 않다.
2. 이래저래 지출할 일들이 늘어나기 시작한다. 하지만 자신의 욕구에 따른 지출이라 계획성은 전혀 없을 것이다.
3. 친구의 말만 믿고 투자하면 손실이 일어난다. 자신을 믿고 투자하는 것이 좋다. 빌려준 돈으로 인해 감정이 상할 일만 생긴다. 주고받는 돈의 경계를 잘 설정하는 것이 좋다.

WORK

1. 겉으로 친한 자가 내 욕을 하고 다닌다. 배신수가 있으니 상대를 믿지 말고 본인이 해야 한다. 취업준비생은 불만족스러운 회사에 우선 취업될 수도 있다.
2. 사람들과 교류에 문제가 생기는 운세이다. 미리 예측해서 움직이지 말라. 거래처와의 계약조건도 확인해 보라. 방문하기로 한 고객에게도 확인 전화는 필수이다.
3. 사기꾼과 협잡꾼을 주의하라! 예상치 못한 손실과 대인관계의 불협화음이 크게 예상된다. 이로 인해 자신의 일을 망칠 수 있다.

LOVE

1. 아직은 마음이 어긋나고 있다. 잘 삐지고 툭하면 연락이 끊기는 상대 때문에 마음이 편치 못하다. 그렇다고 연락이 되고 만날 때마다 싸운다는 것은 오히려 스스로 나쁜 기억만 심어주게 될 것이다.
2. 이제 서로에게 질려 관계가 멀어지는 시기이다. 바람을 피우거나 딴 이성에게 관심을 갖게 되는 시기. 자신의 판단에서 옳다는 것을 따르라. 다만 서로의 관계를 정리하고 새로운 상대를 만나는 정도의 예의는 지켜야 하지 않을까?
3. 헤어지는 시기, 이혼 등으로 얼룩지는 시기. 이제 참아왔던 일들이 터지게 된다. 거짓말은 들통나게 될 것이고 숨겨둔 연인이 드러나게 된다. 주의하는 것이 좋다.

THREE OF CUPS.

MONEY

1. 투자에 드디어 이익이 따라온다. 빌려준 돈은 이자를 합쳐 돌아오니
   의리가 깊어진다. 그동안 금전적인 문제가 많았다면 이제야 도와줄
   사람을 만난다.
2. 금전운이 밝아졌지만 혼자 앉아서 늘어나는 운이 아니다. 많은 사람을
   만나면 그중에 이익이 있으니 혼자 있지 말고 사람들을 만나야 한다. 받을
   것이 있다면 수월하게 들어온다. 단, 즉흥적 지출을 조금은 조심해야 한다.
3. 작은 돈이 꾸준히 들어오니 너무도 편안하고 행복해진다. 큰 돈을 바라지
   말고 작은 돈에 재미를 붙여라. 재물운이 좋으니 자금이 부족한 사람은
   이때에 돈을 구하라.

WORK

1. 간만에 일할 맛 난다. 동업자와도 마음이 맞으니 새로운 프로젝트가
   있다면 빠르게 진행하라. 계약과 문서 등을 중점으로 해결하고 미팅도
   많이 추진하라.
2. 계약이나 협상이 지연되고 있었다면 모두 해결될 것이다. 그러므로
   사람들을 많이 만나고 부지런히 움직이면 좋은 일이 많이 생길 것이다.
   영업부는 실적이 많이 오른다.
3. 불안했던 업무들이 협조자가 나타나 해결된다. 새로운 거래가 성사되며
   구원의 손길이 나타나니 주변에 자신의 처지를 조금은 이야기해보는 것도
   좋다.

LOVE

1. 그동안 꼬여왔던 관계가 이제 풀어지며 화해를 하게 된다. 친구에서
   연인으로 발전하길 바랐다면 가능하게 될 것이다.
2. 그동안 둘 사이를 가로막았던 문제가 풀리기 시작한다. 이제 서로의
   상처를 감싸줄 필요가 있다. 솔로는 지나간 연인이 돌아오거나 친구
   사이였던 상대가 이성으로 보이기 시작한다.
3. 주변의 소개로 새로운 사람을 만난다면 마음에 드는 사람을 만나게 될
   것이다. 선을 보는 것도 좋다.

MONEY

1. 약속한 곳에서 돈을 미룬다. 또는 빌려주고 마음 상할 일이 생긴다. 항상 돌려받지 못해도 서운하지 않을 만큼만 빌려주고 인간관계에 흠집을 내지 않는 것이 좋다.

2. 돈 문제로 인간관계에 문제가 생길 수 있다. 로또가 맞지 않는 이상 어찌 이 부탁, 저 부탁 다 들어줄 수 있을까? 적금을 타도 숨겨놓고 볼 때이다. 있는 티내면 바로 난처함에 빠진다.

3. 사람들과 함께 투자한 것이 깨진다. 곗돈의 손실, 동업의 트러블 등이 금전운을 떨어트린다. 자신의 고집만 내세우지 말고 현명하게 대처하라.

WORK

1. 과도한 액션으로 오히려 체면을 잃는 경우가 생긴다. 상대에게 과도한 친절은 오히려 불편하게 만들 뿐이다.

2. 일의 진행이 더뎌진다. 체면에 손상 입게 될 일이 생긴다. 허둥대지 않는 것이 좋다. 남의 일에 끼어들지 않으면 안전하다.

3. 함께 일하는 사람들과 마음이 맞지 않아 곤란해진다. 동업자는 서로 맡은 일을 게을리 하니 서로를 미워하게 된다. 동료들 간에 다른 사람 이야기를 조심해서 해야 한다. 뒷담화의 폐해를 혼자 뒤집어쓰게 된다.

LOVE

1. 두 사람이 노는 곳에 꼭 한 사람이 더 낀다. 주의하라! 셋이서 친구처럼 지내다 보면 나는 멀어지게 된다. 또는 친구와 애인 사이에 갈등이 일어날 수도 있다.

2. 지나친 감정의 오버는 상대를 피곤하게 할 수도 있다. 연애에서는 둘만의 이야기를 하라. 상대방과 관계없는 이야기를 늘어놓는 것은 실례이다.

3. 과도한 기쁨으로 각종 비용의 낭비가 예상된다. 적당히 즐기는 것이 좋다. 솔로는 너무 지나친 대시는 이롭지 않다. 적당한 선에서 상대의 마음을 파악하고 대시하는 게 좋다.

FOUR OF CUPS.

MONEY

1. 자기 것만 지키려다 큰 것을 놓치는 경우가 생긴다. 항상 주변의 정보에 귀를 기울여야 한다. 욕심을 버리면 좋은 일이 생긴다.
2. 근거 없는 투자에 현혹되지 않는 게 좋다. 뿌리가 있는 얘기인지 아닌지 잘 확인해 보는 게 좋다. 헛소문에 금전운이 오르내린다.
3. 걱정거리에 정신이 팔려 도움 받을 곳을 놓친다. 또는 작은 이익에 몰입해서 큰 이익을 놓치게 되니 시선을 안팎으로 자유롭게 열어야 한다.

WORK

1. 눈 앞의 것을 먼저 고민하다가 중요한 일을 놓칠지도 모른다. 항상 신중을 기하는 것도 좋지만 지금 주변의 상황도 예의주시해야 한다. 거래처와의 만남 약속을 귀찮아도 지켜라. 복이 찾아든다.
2. 눈 앞의 문제를 빨리 해결하고 새로운 소식에 집중하고 있어야 한다. 기다리던 소식이 오니 좋은 일이 생길 수 있지만 까딱하면 그 기회를 놓치게 된다. 취업준비생은 전화기를 꼭 붙들고 다녀라.
3. 오래된 일들에 대해 새로운 시선으로 접근하면 그 안에서 이익이 발생한다. 노력하고 관찰하면 그것은 자신의 것이 된다. 취업준비생은 지나친 회사 중에 자신이 다닐 회사가 있을 수도 있다.

LOVE

1. 내 일이 바빠 연인에게 신경을 못 쓰니 결국 연인은 삐진다. 달래주는 것에 사용되는 시간과 애초에 삐지지 않게 하는 데 쓰이는 시간, 어느 것이 낭비일까?
2. 눈 앞에 있는 이성에 집중하다 정작 인연 있는 이성을 놓친다. 아직 깊은 연인관계가 아니라면 주변의 말에도 관심을 기울이는 것이 좋다.
3. 연애에 정신이 팔려 다른 일을 하지 못한다. 또는 어장관리하다 진짜 인연이 찾아온 것을 모르고 놓치게 된다. 연애는 기술이 아니라 마음의 교류라는 것을 잊지 말아야 한다.

MONEY

1. 빌려 받기로 한 돈, 또는 빌려주고 받을 돈, 대출 등 소식이 늦으니
   다른 길을 다시 알아보는 것이 더 낫다. 지금 기다리는 것은 아주
   늦게 들어오거나 들어오지 않을 가능성이 많다. 그러니 새로운 방법을
   모색하면 차라리 적은 돈이라도 융통이 가능하다.
2. 사기꾼을 조심하라! 달콤한 말은 나의 자본을 노리는 것이다. 사기꾼이란,
   백 가지 맞는 말로 현혹하고 한 가지의 속임수로 나를 속이는 자이다.
3. 이익도 손해도 없는 시기. 그러나 사기성 유혹에 말려들지 않아야 한다.
   왠지 달콤한 투자의 유혹이 다가온다. 실패할 투자는 달콤하다.

WORK

1. 지금의 상황이 정체된 듯 느껴지고 마음에 들지 않는다. 귀찮음과 싫증이
   가득하니 후유증일까? 취업준비생은 불안해하지 말고 여러 곳에 지원해
   보는 게 좋다.
2. 소식을 기다리지만 그 소식은 아직 오지 않고 있다. 그 때문에 눈앞의
   일들이 손에 잡히지 않는다. 하지만 그렇게 방황한다고 해서 소식이 빨리
   오는 것은 아니다. 일단 눈 앞의 일부터 처리하고 있으면 소식이 오게 된다.
3. 엉뚱한 곳에 정신을 팔면 갑자기 닥친 일에 대처하지 못한다. 항상 주의를
   기울여야 한다. 거래를 약속한 곳에서 거래가 늦어지니 초조해진다.

LOVE

1. 새로운 연인이 나타날 수 있다. 또는 삼각관계가 성립될 위기에
   놓여있으니 주의할 것. 새로운 인연에 따라 결과는 다르게 나타난다.
2. 오래된 연인을 등 뒤에 두고 새로운 사람을 맞이하는가? 솔로들에게
   천벌을 받을 지도 모른다. 감정조절을 잘 하는 것이 좋다.
3. 어디다 정신을 팔고 있는 것인지, 마음이 혼란하고 지금의 연애에
   만족하지 못한다. 엉뚱한 곳에 마음을 품지 말라. 지금 연인이 있는
   사람은 자꾸 다른 이성이 눈에 들어올 때이다.

FIVE OF CUPS.

MONEY

1. 돈 문제로 인심 잃게 되는 운세이다. 이럴 땐 '나도 없소' 라고 모른 척하며 오해 받지 말고 조용히 있는 게 최고다.
2. 동업자에게 투자한 이익을 받기 어렵다. 빌려준 돈은 반 토막이 나서 돌아온다. 투자는 금물. 금전운이 하락세를 달리고 있다.
3. 자금이 늦게 들어오거나 연기된다. 도와줄 이 없는 상황인지라 마음은 힘들겠지만 다시 괜찮아진다. 단지 힘든 것은 이 시기이므로 그칠 기미가 보이니 잘 참고 견디면 된다.

WORK

1. 그동안 포기하고 수익이 나지 않을 곳이라 단정했던 곳에서 수익이 나기 시작하며 포기한 거래처에서 연락이 온다. 이직을 하려니 평소 관심 없던 동료들과 상사가 나를 말린다. 취업준비생은 포기할 때쯤 연락이 오니 메일 또는 문자로 연락이 올 것이다.
2. 직장 내의 인간관계에서 발생한 문제는 이제 서서히 풀려나갈 것이다. 하지만 받은 마음의 상처는 치유되지 않는다.
3. 실망과 실패의 운이다. 잠시 휴식기간을 가져야 한다. 실적이나 성공의 여부보다는 자신의 만족감이 상당히 떨어지게 된다.

LOVE

1. 기존 연인들은 서로 간에 너무 의무적으로 만나게 된다. 솔로에게는 따분한 시기, 조용히 지나갈 뿐이다.
2. 연인과 약속을 지키기 어려우니 약속을 많이 잡지 말라. 그로 인해 서로 마음 상하는 일이 생긴다. 솔로는 미팅 약속을 잡아도 미뤄지거나 폭탄을 만난다.
3. 나쁜 소문이 나도 모르게 돌고 있다. 나의 우유부단으로 하지도 않은 삼각관계의 주인공이 된다. 자신의 판단을 바로 세워야 한다.

FIVE OF CUPS.

MONEY

1. 그동안 어려웠다면 이제 그 어려움을 돌파할 실마리가 나타난다. 돈 때문에 관계가 상한 인연이 회복될 수 있을 것이다. 수금하길 포기한 곳에 전화를 해보라. 조금이라도 회수가 된다.
2. 부족한 자금이 어느 정도는 해결된다. 그러나 완벽하게 해갈시키기에는 부족하다. 이전에 포기했던 곳에서 돈이 들어오거나 늦게 들어오기도 한다.
3. 빚 때문에 고민하고 있었다면 조금의 해결책이 나타나게 될 것이다. 사람들과 돈에 대해 이야기하지 않는 것이 좋다.

WORK

1. 동업은 힘들어진다. 불협화음이 일어나게 된다. 상사의 감언이설에 자신이 책임질 일이 생길 수도 있다. 속지 않는 것이 좋다. 취업준비생은 상대 회사가 어떤 회사인지 꼭 확인하라.
2. 이어온 일들은 부분적인 손실을 초래하게 될 것이다. 잠시 진행보다는 점검을 해야 할 시기가 왔다.
3. 계획했던 일이 생각보다 원활하지 않다. 믿었던 직장 동료나 상사가 나를 실망시킨다. 직장 내에서 소문을 조심하고 구설에 끼어들지 말라. 회사를 그만두게 될 수도 있다. 취업준비생은 너무 자신만만하지 말고 면접 준비를 꼼꼼하게 해야 한다.

LOVE

1. 실망하고 포기한 연애에 다시 불길이 솟으니 어이없지만 끝나가는 연애가 다시 시작된다. 고백하고 싶은 상대에게 골키퍼가 있는 줄 알았지만 알고 보니 친척이다.
2. 헤어졌거나 실망한 연애의 분위기가 회복하는 시기에 접어든다. 헤어진 연인에게서 연락이 오거나 나를 속상하게 한 연인이 자신의 실수를 인정한다.
3. 기존의 연인과 더욱 관계가 깊어진다. 연애운은 상승하고 점점 더 깊어간다. 자신이 미래의 배우자로 생각한다면 상대를 신중하게 관찰해야 한다.

SIX OF CUPS.

MONEY

1. 금전에 대한 좋은 소식을 받는다. 윗사람으로부터 조언을 듣게 된다.
   보너스, 또는 부수입, 기다리던 소식 등 비정규 수익에 관련한 기쁜
   소식도 기대해볼 만하다.
2. 돈을 돌려받거나 빌리거나 대출을 받는 등 자신이 요구해서 만드는 돈은
   가능하다. 투자한 자금에 이익이 있거나 금전에 관련된 좋은 소식이 있을
   때니 스스로 주변을 확인해 봐야 한다.
3. 투자에 관한 새로운 진로가 나타난다. 혹시 새로운 적금 형태가 아닐지
   위험한 투자는 피하고 안정된 곳에 집중하는 것이 좋다. 그러나 과거에
   해온 것보다 새로운 것을 찾는 시기이다.

WORK

1. 과거에 잠겨 있던 일들이 다시 시작된다. 옛 일을 돌이켜 새로운 일을
   만들수록 본인에게 이롭다. 예전에 포기했던 프로젝트를 되살려 보라.
   취업준비생은 예전에 면접 봤던 곳에서 다시 연락이 온다.
2. 그동안 진행해 왔던 일들 중에 좋은 소식이 오게 된다. 윗사람으로부터
   좋은 소식을 듣게 되니 좋은 일들이 생길 것이다.
3. 기다렸던 일이나 투자, 개업 등이 성사되는 조짐이 나타난다. 직장
   내에서도 기쁜 소식이 온다.

LOVE

1. 연인에게 좋은 일이 생기거나, 연인에게 선물을 받게 된다. 또는 연인과
   선물을 주고받을 일이 생긴다. 연인으로부터 듣고 싶었던 기쁜 이야기를
   듣게 된다.
2. 솔로들은 만약 관심 있는 상대가 우물쭈물 거린다면 둘이 대화를 나눌
   기회를 가져라. 좋은 결과가 생길 것이다.
3. 새로운 연인이 생기거나 기존의 연애관계에서 주도권을 잡게 된다. 그러나
   연애는 시합이 아닌 서로의 마음을 알아가는 과정이다. 그러니 자신이
   주도권을 쥐었을 때 상대를 누르려고 하지 말고 배려하는 마음을 갖는
   것이 중요하다.

MONEY

1. 금전 문제로 좋지 않은 소식이 들려오거나 와야 할 금전 소식이 오지 않는다. 초조하게 기다리거나, 주변과 다투지 않도록 하라.

2. 위험한 투자의 제안이 찾아오게 된다. 시작은 좋지만 결과적으로 실패하게 될 계획이다. 새로운 투자처를 스스로 찾아라. 타인의 제안은 나를 위험하게 만든다.

3. 핑크빛 투자의 계획은 수포로 돌아갈 가능성이 있다. 너무 많은 기대를 하지 말고 냉정하게 지켜보라. 그리고 새로운 전망을 기대하라.

WORK

1. 사소한 말 실수가 신용을 잃게 만든다. 거래처가 틀어질 가능성이나 교섭 상대가 돌아서기도 한다.

2. 직장 내 성과는 부진하고 오히려 팀 내에 분쟁이 생긴다. 스트레스가 많아지고 동료 간에 의견이 달라 등질 일도 많다. 인내하고 가면을 쓰고 웃기라도 해야 한다.

3. 좋은 소식이 오지만 자신의 잘못된 판단으로 그 기회를 놓칠 수 있다. 또는 생각지도 못한 나쁜 소식이 오니 거래처 관리에 정신을 바짝 차려야 한다.

LOVE

1. 둘 사이에 좋지 않은 일이 발생할 징조가 보인다. 그동안 숨겨왔던 일들이 소문으로 발전하거나 상대가 알게 되어 실망하게 될 일도 있다. 미리 솔직해지는 것이 어떨까? 솔로는 자신의 소문을 확인해 보라.

2. 선물을 받는 것이 아니라 주어야 한다. 또는 연인에게 나쁜 소식을 전해야 할 수도 있다. 두 사람에게 서로를 위하는 감정이 줄어들고 있다.

3. 좋은 소식보다 거짓된 정보가 자꾸 귀를 간질인다. 무엇을 믿을지 판단이 서지 않을 땐 이때가 지나가기를 기다리는 게 좋다. 연인 간 의심과 불평이 늘어날 때이다.

SEVEN OF CUPS.

MONEY

1. 당신의 변덕이 상대를 지치게 한다. 확실한 생각이 없다면 남들과 함께 투자하지 않는 것이 좋다. 환상을 믿지 말라. 확실한 것이 아니라면 당신은 손해를 입게 된다.
2. 돈이 들어오기 전에 쓸 곳부터 생각하지 말라. 당신이 생각하는 여러 곳에서 돈이 들어오는 것이 아니라 정작 필요한 만큼 한두 곳에서만 들어오게 된다. 적당히 아끼는 것이 좋다.
3. 자금은 지금 계획한 것에서 절반 정도만 들어온다고 생각하고 지출계획을 세우면 곤란해질 일은 없다. 수익은 평범하지만 지출이 늘어날 때이다.

WORK

1. 미리 터트리는 샴페인이 눈물로 돌아온다. 주의하라! 아직 일이 끝까지 간 것은 아니다. 이제부터 시작이라는 마음으로 유지하라.
2. 실속 없는 성공처럼, 이룬 것은 있어도 실질적인 소득은 없다. 단지 명예만 좋아질 뿐이다. 스스로 환상에 빠지지 말라.
3. 이것저것 할 일은 많은데 당장 시작하기에는 망설여지는 일들만 놓여 있다. 거래나 업무에 대한 희망도 많지만 그것을 현실화하려는 것은 노력이 반드시 필요해진다.

LOVE

1. 시도도 하기 전에 마음속으로만 연애를 하지 말라. 이 카드는 짝사랑밖에 성공하지 않는 카드이다. 실행은 없고 상상은 성공한다. 그러기 전에 실패해도 움직여 보는 것은 어떨까?
2. 행동이 부족한 연애, 말로만 약속하는 선물, 하려고 계획만 잡는 이벤트, 이런 것들로 인해 연애는 난항을 겪게 된다.
3. 관심 있는 상대에게 식사 한번 같이 하자는 말도 못 꺼내면 그냥 솔로가 되는 것이다. 별다른 이유가 없다. 혼자 고민하고, 혼자 용기 없어 포기할 뿐이다. 수줍음도 정도가 지나치면 상대에게 바보로 보인다. 적당히 수줍어하고 용기를 낼 땐 용기를 내야한다.

MONEY

1. 마음은 급하고 나갈 곳은 많은데 현실은 그에 따르지 못하니 마음만 번잡해진다. 고민거리의 기한은 다가오지만 그것을 메울 구원의 자금은 더 늦게 도착한다.
2. 돈에 대한 욕심이 과하다. 조금은 자제하는 것이 어떨지. 목표가 거의 다 왔다. 무언가를 구입하기 위해서 돈을 모으고 있었다면 이제 가능하겠다. 자린고비 소리 듣는 걸 주의해야 한다.
3. 사고 싶은 물건들이 많아질 때이다. 정작 필요한 곳에 쓰지 못하고 엉뚱한 곳에 지출해 후회하는 운이다.

WORK

1. 많았던 계획들이 무산된다. 실행하기 어려운 것들이니 당연한 결과이다. 현실에 맞추어 다시 시작해야 한다. 취업준비생은 계획만 세우지 말고 지금이라도 도전해야 한다.
2. 변덕을 부리면 부린 만큼 사람들이 내 곁에서 떠나게 된다. 자신만의 환상 속에서 성공하지 말고 타인의 의견에 귀를 기울여라 신중한 만큼 위험은 사라진다.
3. 사기꾼과 협잡꾼, 그 중간에 놓여 눈 막히고 귀 막히고 현실 감각을 잃은 채 손에 든 것을 뺏긴다. 주의하고 경계하라. 누명을 쓰는 일도 생긴다. 취업준비생은 사기취업에 주의하라.

LOVE

1. 그동안 씌었던 콩깍지가 벗겨지니 마음에 갈등이 생긴다. 이것저것 연인과 해보고 싶은 일이 많지만 결국 생각으로 끝나게 되어 실천하기 힘들다. 말을 아끼고 꼭 할 수 있는 것만 상대에게 이야기 하는 것이 신용을 얻는 방법이다. 차라리 거창한 계획을 잡지 말라.
2. 솔로는 소개팅에 나가면 기대이하를 만난다.
3. 자신 혼자 생각으로 연인을 괴물로 만들 수도 있다. 연애는 상상이 아니라 서로 커뮤니케이션을 꼭 해야 한다. 그러므로 연인과 함께 할 수 있는 것을 항상 의논하라.

EIGHT OF CUPS.

MONEY

1. 돈이 잘 돌지 않게 된다. 들어올 돈은 늦게 들어오고 나갈 돈은 빨리
   나가게 된다. 돈과 관련해 좋지 않은 일들이 작게 일어나니 주의할 것!
2. 모으기를 포기하는 시기. 어쩌면 충동구매의 유혹이 저축의 마음을 이길
   수 밖에 없나 보다. 지출을 억제해야 하지만 잘 되지 않는다.
3. 돈 문제가 인간관계의 문제로 심화된다. 함부로 판단하고 기분대로 말하지
   않는 것이 미래를 위해 좋다. 들어오기로 한 금전에서 좋지 않은 소식이
   들려온다.

WORK

1. 겸손이 지나쳐 남들에게 무시 받을 수도 있다. 또 책임회피의 형태로도
   보일 수 있다. 계획을 하기도 전에 포기한다는 것은 무능력해 보인다는
   뜻이다.
2. 무능력자로 보이게 된다. 계획도 하기 전에 포기하는 무능력자가 되기도
   한다. 어떠한 계획을 위한 어떠한 실망감이 찾아오더라도 노력을 중지하지
   마라.
3. 자신이 일 한 것만큼 대우받지 못한다. 마음이 상하기만 하니 직장을
   그만두고 싶어진다. 힘내고 버티는 게 좋다. 이미 그만두었다면 재취업의
   기간이 조금 걸릴 것이다.

LOVE

1. 팽팽한 줄다리기가 끊어진다. 그동안의 노력이 힘에 겨워 포기하게 된다.
   또는 짝사랑하는 상대를 자신 혼자 포기하기도 한다. 어쩌면 당신의
   우유부단함도 문제이지 않을까?
2. 연인의 태도에 실망하게 된다. 상대에게 어떤 것도 기대하지 말고, 좋지
   않은 일이 생겼어도 조용히 지내면 지나가게 된다.
3. 이별의 운이 문 앞까지 찾아왔다.

MONEY

1. 지나친 겸손이 투자와 이익의 시기를 놓치게 한다. 불필요한 걱정으로
   진보 보다는 퇴보를 걷게 만든다. 금전으로 인해 대인관계에 실망이
   따르게 된다.
2. 돈 문제로 사람 잃고 친구 잃고 돈도 잃을 가능성이 있으니 절대로 밀린
   돈을 돌려받으려 억지를 부리지 말라. 오히려 상황이 더 나빠진다. 갚을
   돈이 있다면 조금이라도 갚으며 성의를 보여라.
3. 묶여 있는 자금줄이 풀리기 시작하니 잠시 호재가 된다. 재정이 어렵다면
   주변에 도움을 청하라.

WORK

1. 그동안 포기하고 싶을 정도로 힘든 일은 지금부터 실마리가 풀려 해결해
   나갈 수 있게 된다. 직장을 다니기 싫던 마음도 다시 안정된다.
2. 이직을 위해 회사를 그만둔다면 쉬는 기간이 생각보다 길어진다.
   취업준비생은 이 때 노력을 해야 다음 시기에 소식을 듣는다.
3. 직장이나 거래처 등 실망하고 또는 포기한 관계들이 회복되기 시작한다.
   오해가 있었다면 풀리게 될 것이다. 다른 쪽으로 돌아선 거래처에서
   전화가 온다.

LOVE

1. 연인이 도움이 되지 않는다. 마음을 위로해 주기는커녕 오히려 불안하게
   만든다. 자신의 고민을 연인에게 말하지 않는 것이 낫다. 또는 애정이 깊은
   상대에게 실망하게 된다.
2. 헤어지려던 연인과의 관계가 다시 회복되기 시작한다. 그동안 포기하고
   실망했던 마음이 회복되려는 기미가 나타난다. 솔로는 고백하려다
   포기했던 상대와 만남의 기회가 생길 수 있다.
3. 떠난 연인을 그리워하는 마음이 깊어진다. 왠지 센티해지고 후회가
   많아지니 마음을 잘 단속해야 한다. 지금 연인이 있다면 그 연인의
   이기심에 대해 실망이 점점 깊어질 때이다.

NINE OF CUPS.

MONEY

1. 여러 군데로 돈을 분산시켜 투자하면 좋은 이익이 생긴다. 짧은 기간에 작은 이익을 일으키는 데엔 좋은 운이다.
2. 수익과 지출을 맞춰 놓았으니 마음이 든든한 상태. 당신은 한층 여유로워진다. 돈이 많아서가 아닌 꼭 필요한 것들을 다 맞추고 약간의 여유가 있는 것이다.
3. 큰 돈보다는 자신이 만족할 만한 자금의 여력이 생긴다. 여러 가지 지출계획을 실천할 수 있다. 이럴 때 조금은 자신을 위해 지출을 하는 것도 좋다.

WORK

1. 그동안 해오던 일들이 이제 마무리가 되어 이익을 보여준다. 걱정이 없이 기쁜 한때가 된다. 취업준비생은 좋은 소식을 들을 수 있다.
2. 거래처와의 계약, 사업의 진행 등 사람을 만나 해야 하는 일들은 모두 진행이 잘될 것이다. 단지 문서와 계약에 이롭기에 아직 금전이 오가는 시기는 아니다.
3. 직업운에 볕들었다. 지금 할 만한 것들을 모두 처리하는 것이 좋다. 유난히 일이 잘되는 시기이니 최선을 다하면 아주 좋은 결과를 얻게 될 것이다.

LOVE

1. 연인 사이에 장애를 넘어서는 시기. 어려운 것은 잘 지나가고 이제야 행복할 수 있는 시기가 왔다. 솔로에게는 그동안의 속 태움은 가라앉히고 상대에게 도전해보는 것이 좋다.
2. 연인의 마음을 알고 대처할 수 있는 지혜가 생기니 연애에 있어서 자신감을 가지고 당당히 말하고 들어주는 시간을 많이 가지는 것이 좋다.
3. 상대는 이미 거의 나에게 기울었다. 자신의 욕망을 절제할 줄 알아야 한다. 너무 밀어붙이다 보면 성공한 것도 깨지게 된다.

MONEY

1. 여유 있던 자금이 지출이 늘어나면서 부족해진다. 준비해 놓은 자금을 잘
   관리하고 지출될 곳을 다시 한 번 점검하는 것이 좋다.
2. 자금에 여유가 있는 줄 알았더니 잘못 생각한 부분이 많다. 오히려 자금이
   부족해져 당황스럽기까지 하다. 지출할 곳을 잘 추슬러 보라. 빌려주는
   돈은 돌아오기 어렵다.
3. 준비해놨던 자금이 원활하지 않아 마음이 불편하다. 지금이라도 바로
   다시 한 번 확인해야 한다. 금전이 들어올 곳보다 나갈 곳이 많으니
   시름이 깊어진다.

WORK

1. 많은 것을 두고 관리해야 될 일이 생긴다. 이것저것 복잡한 일처리가
   정신없어 진다. 부주의하면 물건을 잃어버려 책임질 일이 생긴다. 손실을
   주의할 것!
2. 자신의 실수로 인해 물질적인 손실이 발생한다. 여러 가지 자신의 의견에
   반대가 많다. 이럴 때는 자신이 책임지지 않도록 일에 대해서 너무 나서지
   않는 것이 좋다.
3. 안심하고 있던 프로젝트가 엉망이 될 가능성이 있으니 주의할 것!
   취업준비생은 취업에 대해 너무 낙관만 하고 있지 말 것. 그리고 문제가
   될 가능성이 있는 일들에 대해 주의할 것!

LOVE

1. 연인의 새로운 모습에 실망한다. '예전엔 안 그랬는데……' 라는 생각은
   하지 말라. 어차피 대부분의 남자는 집에서 트레이닝복을 입고 엉덩이를
   긁으며, 대부분의 여자는 하품하다 침 흘리며 베개에 지도를 그린다.
   환상 속에서 연인을 드라마의 주인공으로 만들지 말라. 잘 때도 화장하면
   피부병만 생기고, 양복 입고 잠이 들면 땀띠 생긴다.
2. 불안정한 마음이 계속 유지된다. 말실수를 주의하라. 나도 모르게
   상대에게 상처를 주고 있다.
3. 연인 간의 불화가 길어지고 이별이 예상된다. 양보하라, 아니면 침묵하라.
   그러면 지나갈 수 있다. 솔로는 우연히 대시한 상대에게 연인이 있을 수
   있다. 삼각관계주의!

TEN OF CUPS.

MONEY

1. 금전적인 만족감, 성취감이 있는 시기이다. 안정된 금전운으로 필요한
   만큼 들어온다. 초초해 하지 말 것.
2. 이제야 밀린 돈도 받고 투자한 것도 돌아오니 마음이 개운하고 주머니가
   넉넉하다. 편안한 한때가 될 것이다.
3. 금전의 압박에서 풀려나오는 시기가 찾아온다. 좋은 예측으로 투자에
   손을 댈 수 있다. 예전의 파트너가 좋은 제안을 들고 찾아올 수도 있다.
   그동안 자금에 쫓겨 왔다면 그 고통에서 풀려난다.

WORK

1. 직장 내에서 만족할 만한 결과를 맺는다. 그동안 노력한 것을 이제야
   성공하니 기쁨을 동료들과 함께 누린다. 취업준비생은 취업이 되며 이직을
   생각한 사람도 이직을 할 수 있다.
2. 명예운이 좋으며 사람들과 또는 거래처와 화합이 좋은 운이다. 즐겁게
   일해 나갈 수 있는 운이다. 취업준비생은 기쁜 소식을 들을 수 있다.
3. 모든 일을 처리하는 것이 이롭다. 주변 사람이 도움을 주니 일이
   일사천리로 진행된다. 커뮤니케이션과 회의 등이 좋고 사람 간의 움직임이
   좋아진다.

LOVE

1. 연애의 성공! 애타게 바라만 봤던 상대를 드디어 연인으로 맞이하게 될
   만큼 연애운에 있어 최고의 시기이다.
2. 오래된 연인은 가정을 이룰 수 있는 운이 찾아오고 짝사랑을 하고
   있었다면 연인이 될 수 있는 기회가 나타난다. 시기를 놓치면 아무 일도
   일어나지 않는다. 눈치 봐서 대시하라.
3. 연인은 결혼이야기부터 모든 것이 이롭다. 깊은 관계로 건너가는 시기로
   연인에게 좋은 운이다.

MONEY

1. 겉으론 돈이 많은 것 같지만 실상 빈곤에 허덕이는 상황이 온다. 남들이
   나를 보는 만큼 돈이 있으면 좋겠다는 생각이 든다. 작은 수익은 있지만
   큰 수익은 없어서 실망할 때이다.
2. 잔뜩 기대했던 돈이 해결되지 않아 마음이 상한다. 충분하리라 생각했던
   돈이 부족하니 짜증이 나기도 한다.
3. 돈 문제로 사람들과의 불화가 예상된다. 이래저래 해결하려고 꺼낸 말이
   더 크게 꼬여서 사람을 더 잃게 만든다. 자중하고 침묵하는 것이 이롭다.

WORK

1. 다 된 일에 코 빠뜨리지 않도록 주의하면서 일을 진행해야 한다. 소문이
   일을 방해하니 소문나지 않게 은밀히 일을 진행하라, 취업준비생은 다음
   기회를 기대해야 한다.
2. 대인관계에 적신호가 생긴다. 첫째는 거래처 관리에 주의하라.
   영업직이라면 문제가 많이 생긴다. 직장인은 동료 관리에 힘써야 한다.
   프로젝트 팀 내에 배신자가 생길 수도 있다.
3. 직장 내 의견 다툼이 예상된다. 파벌이 형성되는 시기일지도 모른다.
   줄타기하지 말고 가만히 있는 것이 좋다. 이것은 단지 일시적인 현상이라
   경솔하게 움직이면 손해를 입는다.

LOVE

1. 기쁨의 연애시간은 끝나고 이제 마음을 정리할 때가 오나 보다. 서로의
   말이 자꾸 어긋나 실망이 쌓이고 바퀴 빠진 수레처럼 한 걸음도 나아가기
   힘들다. 무엇이 문제인지부터 살펴야 한다.
2. 연인과 내 주변 사람들이 융화가 되지 않으니 속상하다. 연인을 주변
   사람에게 소개시키지 말라. 서로 속상한 일만 생긴다. 아무리 잘 맞았던
   연인도 삐걱거리게 된다.
3. 연인과 다툴 일이 생기니 자신의 고집을 너무 세우지 말라. 만약
   사랑한다면 고집을 세우지 말고, 헤어지고 싶은 마음이 있다면 지금부터
   짜증만 부리게 되면 반드시 헤어지게 된다.

153

PAGE OF CUPS.

MONEY

1. 예상하고 추진했던 위험한 일에서 이익이 나온다. 불안했던 투자에서
   손실이 사라진다. 금전운이 불안정하나 이익이 생기니 빨리 거두어들이고
   정리하는 게 좋다.
2. 주변의 도움으로 이익이 발생하는 시기이다. 작게 모아 크게 만드는
   이익의 운으로 조금은 도전정신이 필요하다. 그러나 혼자서는 힘드니
   주변과 함께하는 게 좋다.
3. 구입하고 싶은 것이나 투자하고 싶은 것이 있다면 여러 사람에게 자문을
   구하고 실행에 옮기는 것이 좋다. 혼자서 판단하기에는 정보가 부족하여
   손해 볼 가능성이 높다. 새로운 수익이 생길 때이니 프리랜서는 활발하게
   움직여야 한다.

WORK

1. 서비스 정신, 이것이 당신을 성공시킨다. 타인에게 베푸는 친절이 자신의
   일터에서 자신을 돋보이게 만드는 것이다. 직장 내에서는 성장운이
   들어왔다.
2. 직장 내에서 성실함을 인정받는 시기이다. 묵묵히 불만을 삭히면서 자신의
   일에 최선을 다하는 것이 좋다. 취업준비생은 꾸준한 시도가 좋은 결과를
   낳는다. 포기하지 말고 찾아볼 것.
3. 자신이 하는 일에 대해 자부심을 가지고 열심히 일해야 한다. 무릇 서툰
   자의 자존심은 하늘을 찔러 아무도 도울 수 없다고 한다. 겸손하게 주변의
   도움을 받아가며 일을 진행해야 한다.

LOVE

1. 서로에게 도움이 된다는 것을 느끼게 된다. 연인 간에 신뢰가 더욱
   두터워진다. 솔로는 상대에게 필요한 사람이 되는 것이 중요하다. 항상
   곁에서 자신이 나타날 타이밍을 노려라.
2. 연인과 많은 대화를 나눠라. 상대가 이해하지 못해도 고민은 해결된다.
   지식이 필요한 것이 아니라 연인 간에 지혜가 필요한 것이다.
3. 새로운 연애를 한다면 한참 두근거리고, 보고 싶어지게 된다. 또는 연인이
   없다면 당연히 짝사랑만 하게 된다.

MONEY

1. 서툰 부분에 투자하지 말라. 손해를 입기 십상이다. 지금은 자금을 안정적으로 지켜야 할 때이다. 호기심으로 낭비되는 돈이 많으니 주의해야 한다.
2. 마음에 따라 즉흥적인 지출을 하는 일들이 많아진다. 항상 가계부를 떠올리고 빚을 만들지 않는 선에서만 지출하는 것이 중요하다.
3. 기분전환을 위해 돈을 낭비하기도 한다. 주변의 꼬임으로 인해 유혹에 빠지는 경향이 있다. 스트레스가 많다고 유흥에 빠지면 나중에 줄어든 잔고를 보고 후회하게 된다. 경계하고 절약하는 것이 좋다.

WORK

1. 서툰 일에 자신감만 충만하니 뒷 일이 두려워진다. 무조건 'OK' 하지 말고 꼼꼼히 가려서 일을 진행해야 한다. 모든 일을 점검하면서 가는 지혜가 반드시 필요하다.
2. 서툰 일을 시작해서 갈 길을 잃으니 당황스럽다. 이 시기에는 새로운 일을 시작하지 말고 기존에 하던 일을 꾸준하게 진행하여 생기는 문제를 바로바로 처리해야 한다. 취업준비생은 낯선 분야는 피하는 것이 좋다.
3. 준비되지 않은 일을 급박하게 시작하면 위험하다. 모든 계획을 재점검하고 주변의 조언을 들어서 천천히 진행해야 한다. 시간이 급하게 결정해야 하는 일은 어떻게 봐도 리스크가 큰 일들뿐이다.

LOVE

1. 민감한 시기이다. 일시적으로 기분전환을 하기 위해 여행이라도 떠나야 한다. 상대를 위해 위로하는 말이 아부로 아첨을 떠는 것처럼 들릴 수도 있다. 쓸데없는 말 백 번보다 한 번의 여행이 낫다.
2. 엉뚱한 이성의 유혹을 조심하라, 유흥업소에서 지갑을 잃는다. 일시적인 유흥에 빠지면 연인관계는 무너지고 신용도 잃는다.
3. 연인에게 서비스하는 마음으로 대하라. 그럼 더욱 좋은 관계로 이어지게 된다. 타이밍이 좋아진다. 솔로는 관심 있는 상대에게 좀 더 서비스 정신을 발휘하는 것이 좋다.

KNIGHT OF CUPS.

MONEY

1. 점점 금전운이 좋아지고 있다. 남들로부터 좋은 제안을 받을 수도 있다.
   새로운 투자에 도전하는 운이기도 하다.
2. 투자의 시기가 갑자기 찾아오니 마음을 정리하고 때를 기다리는 것이
   좋다. 회수해야 할 돈들도 회수 가능해진다.
3. 금전적인 안정이 찾아온다. 큰 변화 없이 자금이 조금 늘어난다. 주변에
   도움을 청하는 사람들이 많지만 어느 정도는 도와주고 거절할 것은
   거절해야 한다.

WORK

1. 누군가가 나를 도와 새로운 일을 시작할 수 있도록 도와준다. 여러 가지
   제안을 받기도 하는 운세이다.
2. 참고 인내했던 만큼 일에 대해 결과를 얻게 된다. 또는 새로운 일을
   시작하게 된다. 이제 출발하면 당신이 가고자 하는 길을 가게 될 것이다.
3. 계획했던 일을 실행하라. 장애는 있지만 그렇다고 못하거나 포기하지
   않는다. 특히 협상에 이롭다. 강한 업무능력과 그만한 기회가 따르니
   열심히 일하면 그 성과가 높아진다.

LOVE

1. 갑작스럽게 함께 있을 수 있는 기회가 생긴다. 기회를 이용하라. 바라보던
   상대와 연결할 수 있게 된다. 기존에 연인은 관계가 더욱 진보하게 될
   것이다.
2. 새로운 인연을 맺는 것에도 좋고 기존의 연인과 여행을 하는 것도
   좋으며 친구관계에서 연인이 되기 위한 합의를 보기에도 좋다. 단, 확실히
   상대방의 의견을 묻고 시작하라.
3. 소개팅이 있다면 지체하지 말고 얼른 나가라. 킹카가 숨어 있다. 연인이
   있는 사람은 자꾸 둘이서만 여행하고 같이 돌아다니고 싶어진다. 만약
   바람기가 충만한 사람이라면 특별히 더 바람 피우고 싶어진다.

KNIGHT OF CUPS.

MONEY

1. 구입하는 물건 때문에 적지 않은 돈이 소비되고, 감정적인 즉흥성 지출이
   많이 생기니 조금은 자제하는 것이 좋다. 수익보다 지출이 많은 때이므로
   지출관리에 힘써야 한다.
2. 돈 문제로 사람들과 사이가 나빠진다. 오랜 친구와 결별하기도 하며
   그동안 베풀었는데도 도움 받지 못하는 서운함도 함께 있다. 가까운
   사이에 돈 거래를 많이 주의해야 한다.
3. 자금력에 대한 실망이 심화된다. 또는 기대했던 곳에서 자금이 오지
   않는다. 이에 대한 대비를 충실히 해놓아야 한다. 인간관계의 손실도
   예상된다.

WORK

1. 업무가 피곤하고 그만두고 싶은 마음이 가득하다. 하지만 견뎌야만 한다.
   다른 곳으로 옮기거나 일을 그만둔다고 좋은 일이 생기는 것은 아니기
   때문이다.
2. 이럴까 저럴까 망설임이 많은 때이다. 우유부단해지는 것을 막을 수는
   없다. 이럴 때는 결정된 일들만 행동으로 옮기고 섣부른 결정은 하지 않는
   것이 좋다.
3. 직장 동료나 거래처와의 관계가 자꾸 꼬인다. 물론 직장 상사와의 관계도
   그렇다. 새로운 일을 시작도 하기 전에 포기하게 된다. 힘든 시기가 될
   것이다. 가만히 숨죽이고 있는 게 최선이다.

LOVE

1. 연인과 감정조율이 잘되지 않는다. 내가 무언가를 하려 하면 장단이 맞지
   않아 김이 빠진다. 이럴 때의 전략은 상대가 무엇을 원하는지 맘 편하게
   먼저 물어보면 된다.
2. 연인에게 실망하는 시기이다. 이상하리만치 내 연인의 행동과 말이 나에게
   실망을 안겨준다. 솔로는 소개팅에 나가면 차비가 아까워진다.
3. 음흉한 상대, 나에게 원하는 것은 건전한 것이 아니다. 다른 생각으로
   접근하는 사람이니 주의할 것!

QUEEN OF CUPS.

MONEY

1. 소소한 수익이 나를 기쁘게 한다. 과도한 지출을 경계하라. 금전관리에
   해이해질 수 있다.
2. 이런저런 일들로 인한 부수입이 많다. 적든 많든 기대하지 않은 곳에서
   우연한 돈들이 들어오니 항상 주변에 신경을 써야 한다.
3. 자금을 아끼고 모으는 운세이다. 지출은 줄어들고 수입은 유지된다. 돈
   문제에 약간은 이기적인 행동이 앞서게 된다. 새로운 투자처를 알아보는
   것보다 보장성 저축이 이롭다.

WORK

1. 윗사람으로부터 도움을 받게 된다. 정직하라. 그러면 이익이 있다.
   취업준비생은 윗사람에게 부탁하면 의외로 빠르게 될 가능성이 있다.
2. 주의 깊게 판단하면서 일을 추진하라. 주위로부터 평판이 높아진다.
   무엇이 실용적인가가 판단의 기준이 될 것이다.
3. 집중력을 발휘하라. 남들이 보지 못하는 것을 발견하게 된다. 이것이 직장
   내에서 자신의 필요성을 어필하는 계기가 된다.

LOVE

1. 연인의 헌신적인 모습에 감동받게 될 것이다. 당신의 힘든 모습을 보고
   상대는 위로하기 위해 더욱 헌신적이 될 것이다. 관심 있는 상대는
   연상이라면 고백하기 좋은 시기.
2. 당신의 연인은 어머니나 아버지와 같은 포근함으로 당신을 감싸줄 것이다.
3. 좋은 친구가 이제는 연인이 된다. 발전하는 연애의 감정이 좋은 사랑을
   만든다. 어머니와 같은 마음으로 상대를 이해하라. 그것이 상대도 나를
   그렇게 이해하도록 하는 것이다.

QUEEN OF CUPS.

MONEY

1. 신뢰할 수 있는 사람 빼고는 돈 거래를 삼가는 것이 좋다. 이상하게
   금전적으로 나를 의지하려는 사람들이 많아진다. 잦은 지출이 예상된다.
2. 감정적인 지출이 많은 때, 마치 내가 모두를 보살펴야 하는 듯이
   아랫사람이나 동기들을 챙기다 보면 이상하게 지출이 많아진다. 유흥
   등의 지출을 줄이는 것이 좋다.
3. 부정한 돈에 손대지 마라. 신뢰할 수 없는 상대와 돈을 나누면 받은 돈을
   돌려줘야 할 일이 생긴다. 불법적인 이익에 경계하는 마음으로 보내야 한다.

WORK

1. 기대치를 너무 높게 가지지 말라. 기대가 크면 실망도 크다. 기대하는 바를
   낮추고 사람들과 융화하는 것에 힘써야 한다.
2. 몸과 마음이 지쳐 있지만 알아주는 이가 하나 없다. 모든 것을 내가
   감수해야 하니 몸이 하나라도 부족하다. 몸이 피곤한 것보다 마음이 힘든
   것을 견디기 힘들 때가 온 것이다. 취업준비생은 기대를 너무 크게 갖지 말라.
3. 유난히 비위를 건드리는 사람이 많다. 동료의 말 한마디가 별 뜻 없는데도
   신경질이 난다. 이런 문제는 동료들에게 있는 것이 아니라 스스로 신경이
   예민한 것이다. 자꾸 회사를 다니기 싫어지겠지만 잘 참고 지나면 된다.

LOVE

1. 연인에게 실망한다. 하지만 연인관계에서 실망할 일이 없는 것도 위험한
   것이다. 상대의 과소비나 자금력에 대해 실망할 일이 생긴다.
2. 서로를 신뢰하지 못하게 된다. 나의 부정한 마음이 상대를 부정하게
   보거나, 본인과 연인 둘 중의 하나는 부정한 일에 빠져들어가고 있다.
   연인을 신뢰하지 못한다면 이제는 헤어져야 하는 것이 옳은 것일 수 있다.
3. 정신없고 피로한 하루가 끝나면 연인이 붕대를 감아주는 꼴이다. 도움은
   안 되지만 마음의 위로는 받게 된다. 연애운은 안정적이지만 본인이
   힘들어서 그마저도 신경 쓰고 싶지 않아진다.

KING OF CUP.

MONEY

1. 자신을 충분히 기쁘게 할 만큼의 돈은 들어온다. 사람들에게 금전적으로
   친절을 베풀어야 할 기회가 많아진다.
2. 현재의 금전에 대한 만족이 있는 시기, 적당한 임금과 적당한 저축, 그렇게
   조용히 만족하면서 지나가는 운세이다. 새로운 것에 도전하기는 이른
   시기.
3. 만족스러운 댓가가 들어오고 금전에 여유가 생긴다. 그러나 그것이 큰
   돈이 아닌 그냥 스스로 만족하는 수준으로 판단하면 될 것이다. 즉흥적인
   유흥비 지출은 조금 자제해야 한다.

WORK

1. 직장운과 거래처운 등에 행운이 따른다. 이럴 때 많은 사람을 만나
   협의해야 좋은 결과를 얻는다. 취업준비생에게는 좋은 소식이 온다.
2. 자신이 하고 있는 일에 집중하라. 당신은 자신의 경력과 능력을 통해
   성과를 낼 수 있는 시기에 도달했다. 취업준비생은 자신감을 가져라.
   당신에게 좋은 소식이 다가오고 있다.
3. 통찰력을 발휘하라. 작은 이익이 큰 것으로 변한다. 주변의 변화에
   민감하게 반응해야 한다. 남이 버린 것에 내가 쓸 것이 많다.

LOVE

1. 연인과 신앙에 대한 문제가 생길 수 있다. 하지만 큰 문제로 발전하지는
   않을 것이다. 종교모임에서 만난 친구가 이성으로 발달할 수도 있다.
2. 연애에 있어서 자신감이 충만해지는 시기이다. 이럴 땐 관심 있는
   상대에게 도전하면 좋은 결과를 얻게 된다. 기존의 연인과는 즐거운
   한때가 된다. 여행이나 이벤트를 즐겨볼 만하다.
3. 연인과 예술을 즐겨라. 미술관, 연극, 영화 등, 두 사람의 감성을
   충족시키는 것이 좋다. 그러면 상대방의 마음을 얻게 될 것이다.

MONEY

1. 받기로 한 자금이 주는 쪽에서 연락이 없거나 망설이고 미룬다. 돈 문제로
   관재구설이 생길 수 있으니 주의할 것!
2. 체면치레로 나가는 돈이 짜증난다. 기부, 축의, 부고 등 이상하게 예상치
   못한 곳에서 체면치레할 일이 생긴다. 기왕 할 것 기쁜 마음으로 하라.
3. 물에서 건져주니 돈을 내놓으란다. '배신이란 이런 것이구나' 라고
   뼈저리게 배우게 된다. 주의할 것!

WORK

1. 직장 내에서의 사칙 위반, 거래처와의 불법 교섭 등은 피하는 것이 좋다.
   차후에 후회할 일이 생긴다. 취업준비생은 취업할 회사가 어떤 회사인지
   알아보라. 사기성이 있을 수 있다.
2. 기대했던 일에 실망스런 소식이 온다. 직장 내 동료 간에 말을 조심해야
   좋다. 구설수가 있으니 조심해야 하고 큰 기대를 걸었던 곳이 있다면
   차라리 다음 시기로 미루면 오히려 좋아지기도 한다.
3. 직장 내에서 말을 조심해야 한다. 발 없는 말이 천 리를 가니 타인의
   비밀을 말하면 하루도 못 가 소문이 난다. 인간관계에 주의가 필요하다.
   큰 거래를 주의하고 어떤 일에도 큰 기대를 미리 하지 말라.

LOVE

1. 당신의 지배적인 성격이 상대에게 상처를 줄 수 있다. 이제 한 번쯤
   돌아보라. 사랑은 둘이 서로를 위하는 것이지 한 사람이 한 사람을
   일방적으로 종속시키는 것이 아니다. 모든 것은 자신이 하기 나름이기에
   지배적인 행동보다는 많은 대화가 있어야만 한다.
2. 연인과 감정적인 충돌을 피하라. 연애는 드라마가 아니다. 이럴 수도 있고
   저럴 수도 있다. 이리저리 속 타는 것을 연인도 몰라주니 그냥 혼자 쉬는
   것이 제일 편안하다.
3. 자존심을 챙기지 말라. 괜한 자존심 때문에 여러 가지로 마음 다치고
   연인과 관계만 악화된다. 조용히 상대의 의견만 존중하고 지나가라. 그래야
   행복한 연애가 된다. 헌팅이니 소개팅이니 하지 말라. 정말 실망한다.

ACE OF WANDS.

MONEY

1. 새로운 투자건에 이익이 물려 있다. 작게 투자하고 단기간에 이익을 찾을
   수 있는 기회가 올 것이다.
2. 돈 문제는 이제 풀려나간다. 다만 그 돈은 다른 일을 위해 또는 구매하기
   위해 들어오는 돈이다. 여유 있는 자금력이 생기려면 시간이 필요하다.
3. 드디어 조금씩 자금의 문이 열려 숨을 쉴 수 있게 된다. 돈을 벌 기회들이
   찾아오고 부업처럼 새로운 이익을 위한 활동이 발생하고 금전적인 여유가
   생기게 된다. 하지만 큰 지출도 스스로 만들 수 있으니 돈을 벌고도
   지갑에서 바로 빠져 나갈 수도 있다.

WORK

1. 동업 등 새로운 사업을 시작할 기미가 보인다. 신중히 살피고 준비해야
   성공할 수 있다. 취업준비생은 아이디어가 있다면 취업보다 작게 장사를
   시작해보는 것도 좋을 듯.
2. 첫 출근을 하거나 또는 새로운 업무를 맡게 된다. 업무적인 이익과 모험이
   시작되는 운이다. 의외로 업무로 인해 접대할 일이 늘어나기도 한다.
3. 새로운 분야, 새로운 파트 등 무언가 새롭게 시작하는 일이 생긴다.
   낯설다고 당황하지 말고 침착하게 대처하면 곧 좋은 성과를 낸다.
   취업준비생은 전공보다 새로운 분야가 이롭다.

LOVE

1. 두 사람에겐 이벤트가 필요하다. 좋은 운을 맞이했을 때 같이 할 수 있는
   취미거리를 찾는 게 좋다. 가끔은 연인 간에 동업하는 경우가 있다.
2. 두 사람이 한가지의 일을 만들어 가야 한다. 새로운 연애로 접어들게 된다.
   친구는 애인, 애인은 결혼 문제를 진지하게 다뤄 보아야 한다.
3. 새로운 이벤트를 즐기거나 새로운 일상이 시작된다. 동거하거나, 누군가
   말을 걸어 올 것이다. 대답하거나 무시하는 것은 당신의 자유. 지금의
   연인과 깊은 관계로 발전한다.

MONEY

1. 적금 깰 일이 생긴다. 주의하라! 계획에 차질이 자꾸 생긴다. 카드 값 등
   돌려서 사용하는 돈이 갑자기 막힌다. 대비하는 것이 좋다.
2. 잘못된 투자, 지출 등으로 얼룩지는 시기가 된다. 그러므로 차라리
   아무것도 하지 않고 지나가는 것이 좋다. 자신의 실수는 자신이 책임지게
   된다.
3. 지출에 신경을 써야 한다. 들어올 돈의 약속은 더 미뤄질 것이다. 그러나
   고정수입은 유지되니 직장인은 걱정 없다. 단지 프리랜서들은 수금에 신경
   써야 한다.

WORK

1. 갑자기 방해가 끼어드니 경쟁을 조심해야 한다. 거의 막바지에 이른 일이
   자꾸만 늦어진다. 이럴 때는 무리한 진행보다 한 템포 늦춰서 원인을
   알아보며 진행해야 한다.
2. 계획이 자꾸 미뤄진다. 목표는 멀어지고 예측할 수 없어진다. 계획이
   취소된다 하더라도 인내해야 한다. 취업준비생은 이때를 넘겨야 좋은 운이
   찾아온다.
3. 일에 대한 실권이 남의 손에 넘어간다. 내가 진행하던 프로젝트가
   갑작스러운 변화로 인해 실패할 가능성도 있다. 경계를 늦추지 말라.

LOVE

1. 서로 처음부터 잘못된 만남이라고 생각할 수 있다. 자꾸만 서로 어긋나는
   것은 감당하기 어렵다. 단지 일시적으로 그럴 수도 있지만 어쩌면
   진지하게 생각해야 될 수 있다.
2. 솔로는 고백하지 않는 것이 좋다. 또는 생각만 무성하고 다가가지도 못한다.
3. 헤어지고 나서 성급하게 새로운 사람을 골랐는가? 잘못된 선택으로
   마음이 편하지 않게 된다. 데이트 약속이 자꾸 취소되는 등 연애운은 좋지
   않다.

TWO OF WANDS.

MONEY

1. 투자한 것에 대해 소득을 기대하며 소식을 기다리는 시기. 두 가지 투자처에 갈등을 일으키게 된다. 무엇이 옳은지 보려면 타인의 눈으로 관찰하라.
2. 금전의 목표에 도달하는 때이다. 아마도 적금이나 곗돈을 받게 되지 않을까? 빌려준 돈을 받기엔 시간이 좀 필요하다
3. 받을 돈이 있다면 받게 될 것이다. 돈에 관련된 소식을 기다리고 있다면 늦게 연락이 닿을 것이다. 기다려야 할 때는 마음을 느긋하게 하고 기다려야 힘들지 않다.

WORK

1. 거래의 결정이나 프로젝트 성공의 열쇠가 거의 앞에 다가왔다. 조금만 참고 기다리면 좋은 소식을 듣게 된다. 취업준비생은 뒤늦게 취업 소식을 듣게 된다.
2. 멀리서 좋은 소식이 오니 기다려라. 또는 장기출장을 가게 될 수 있으니 예상하고 있어야 한다.
3. 지금 하고 있는 일 말고 새로운 일이 곧 나타난다. 그러나 아직 준비단계로 늦게 소식을 듣게 될 것이다. 계약도 생각보다 늦게 결정이 난다. 취업준비생은 취업이 안 됐을 거라 생각한 곳에서 늦은 소식이 온다.

LOVE

1. 두 사람 중에 한 사람을 선택하든지 아니면 멀리 떠난 그 사람을 기다리는 것인지 현실에서 눈을 돌리고 엉뚱한 곳만 보고 있다.
2. 헤어진 연인의 소식을 기다리거나 여행간 연인이 돌아오기를 기다리는 심정과 같다. 단, 양다리는 한 연인을 숨겨두고 새로운 연애를 계획하게 된다. 솔로는 예전의 애인만 자꾸 그리워진다. 또는 용기를 낸 만큼 성취하는 연애운이다.
3. 자꾸 첫사랑 생각이 나는 건 과거에 대한 그리움이 마음 속에서 올라오기 때문이다. 현재 연인에게 만족되지 않는 것을 과거가 만족시켜 주지 않는다. 잠시 생각으로만 멈추는 것이 좋다.

(R)
reverse

MONEY

1. 약속한 돈들이 들어오지 않는다. 조금은 힘들겠지만 지나가길 참고
   기다려야 한다. 또는 두 가지 큰 지출이 기다리고 있으니 사소한 지출을
   줄여야 한다.
2. 눈앞에 있던 목표가 뒤로 물러난다. 잠시의 우유부단함이 금전운을
   망치게 된다. 경계하고 초지일관하는 것이 좋다.
3. 대출심사나 주가상승의 소식을 기다리고 있다면 오지 않을 가능성이
   높으니 다음 기회를 기대하는 것이 좋다. 이쯤에서 갚기로 한 사람에게
   조금만 더 기다려 달라는 소식만 온다.

WORK

1. 기다리던 소식이 자꾸 지체된다. 사업의 파트너는 아직 도착하지 않았다.
   조금 더 시간이 필요한 운이다. 취업준비생은 예상보다 연락이 늦게 오니
   기다려야 한다.
2. 내 일도 끝내지 못하고 남의 일에 손을 댄다. 미련한 일이다. 먼 곳에서
   오길 기다리는 소식은 갑작스러운 변화로 인해 더 늦게 오게 된다.
3. 목표가 눈앞에 있는데 지친다. '인내는 쓰지만 열매는 달다' 는 말처럼
   한 걸음 가기가 정말 힘들고 모질다. 그러나 견뎌야 한다. 취업준비생은
   자격증 등을 준비해 놓았지만 마땅한 댓가가 없다. 그러나 조금만
   기다리면 기회가 나타난다.

LOVE

1. 연인과 연락이 잘 되지 않아 스트레스 받는다. 의심하지 말고 바쁘려니
   하고 지내는 것이 낫다. 중요한 약속은 지켜지지만 사소한 약속은
   미뤄진다. 솔로는 소개팅에서 바람 맞는다.
2. 연인에게 연락이 잘 안 되니 의심과 괜한 생각들이 머릿 속을 어지럽힌다.
   그저 조용히 있을 수밖에 없다.
3. 연인과 의사소통에 문제가 생긴다. 사전에 미리 연락관계를 점검해놓을
   필요가 있다. 또는 다른 사람이 끼어들어 감정의 곤란을 겪는다.

THREE OF WANDS.

MONEY

1. 먼 데서 이익이 생기니 좋은 소식을 기대해도 좋다. 기다리고 기다려라. 곧
   돌아오게 된다.
2. 투자에 대한 계획을 세워라 논리적인 투자가 금전운을 살리게 된다.
   지금은 행동보다는 계획을 세워야 할 때.
3. 단기투자보다 장기투자에 이롭다. 빌리기로 한 돈이 있다면 소식이 온다.
   자금이 빠듯해도 시간의 여유를 가지는 것이 좋다.

WORK

1. 막혀 있던 자금이 풀리고 새로운 일을 추진할 에너지가 가득 찬다. 밀린
   일과 지연되던 일들을 처리하기 좋은 때이며 이때 한 일이 앞으로 이익이
   된다. 취업준비생은 취업이 될 것이다.
2. 거래처와의 교섭운이 좋다. 직장운이 좋아지고 있으므로 큰 걱정이
   없을 것이다. 특히 무역을 하고 있다면 이익이 많은 거래를 성사시킨다.
   취업준비생은 영업직, 무역 등의 업무에 지원하라.
3. 당신의 사업적 통찰력이 많은 이익을 만들어 주게 될 것이다. 신중하고
   깊게 생각하라. 취업준비생은 자신이 하고자 하는 일이 무엇인지를 먼저
   생각하라.

LOVE

1. 상대를 관심 있게 지켜보라. 당신에게 무언으로 전하고자 하는 말이 있다.
   그것을 알아낸다면 당신은 연애에서 성공하게 될 것이다. 눈빛과 몸짓은
   생각보다 진실을 말할 때가 많다.
2. 멀리서 소식이 오니 떠난 사람이 갑자기 연락한다. 또는 한참 연애가 식고
   있는 와중에 곁다리로 들어오는 사람이 있으니 삼각관계를 주의하라!
3. 헤어진 연인은 기다리기만 해봐야 시간만 길어질 뿐이다. 어쩌면 본인이
   먼저 연락해야 하는 때이다. 또는 지금의 연인과 행복하면서도 과거의
   연인에 매달리는 마음을 어쩌지 못한다.

MONEY

1. 받기로 한 돈들에 문제가 생긴다. 고정수입은 들어오지만 그 외의 수입은 다음으로 밀린다.

2. 기다리는 소식은 오지 않으니 남을 믿고 모자란 금전을 채울 생각하지 말라. 필요한 돈을 구하려면 요청하고 하루 이내에 받을 수 있는 것 외에는 믿지 말라. 빌려준 돈 역시 받기 힘들다.

3. 어려움이 있었다면 이제 풀려간다. 그러나 그만큼 수고도 많이 따를 것이다. 마음을 많이 써야 돈을 지킨다.

WORK

1. 결과를 기다리지만 소식이 닿지 않으니 마냥 기다리는 시간이 늘어만 간다. 소식이 오기 힘드니 다음 기회를 기대하고 밀려 있는 일들을 해결해 놓는 것이 좋다.

2. 기다림이 짜증나게 된다. 결제 받기로 했던 거래처가 기한이 지나도 묵묵부답으로 일관하기도 한다. 밀려 있던 것은 자연스럽게 다음에 해결되니 너무 초조해하지 말고 기다릴 것.

3. 일을 준비하고 사람을 기다리지만 만나려고 하는 사람은 중간에 일이 생겨 오지 못하니 일이 지연된다. 또한 너무 큰 욕심을 부리면 섭외가 되지 않는다.

LOVE

1. 중계 역할을 하는 사람에게 마음을 뺏길 수도 있다. 연애편지를 나르던 우체부와 나의 연인이 눈이 맞는 것을 상상해 본적이 있는가? 본인이 직접 움직여야 한다.

2. 멀리 떨어져 있는 연인으로부터 소식을 기다린다면 오지 않을 가능성이 많다. 바쁘고 바쁜 연인과 전화조차 하기 힘드니 짜증이 나기 시작한다. 연인끼리 약속을 많이 잡지 말라. 괜한 속 태울 일 생긴다.

3. 삼각관계를 조심해야 한다. 이래저래 마음 꼬일 일이 산재해 있다. 나에게 생기든 연인에게 생기든 연인을 사이에 두고 삼각관계가 된다. 연인을 놓치게 된다. 충동적인 말을 하지 말라. 그것은 상대가 나를 실망하게 만든다.

FOUR OF WANDS.

MONEY

1. 자신이 고생한 만큼의 대가가 들어오게 된다. 여러 사람들과의 대화 속에 자신이 이익을 볼 수 있는 기회가 생긴다. 그동안 돈 문제로 고생했다면 휴식이 찾아온다.
2. 최근에 투자했던 것에 수익이 발생한다. 또는 곗돈을 탈 수도 있다. 저축한 것이 있다면 이익이 있지만, 준비해 놓은 것이 없다면 그냥 지나갈 수 있는 운이다.
3. 자금 상황은 원활해진다. 그동안 걱정을 했다면 사람들의 도움으로 문제가 해결되니 너무 걱정하지 않아도 된다.

WORK

1. 목표하던 일에 일차적인 성공이 이루어진다. 어느 정도의 이익이 보장되는 시기.
2. 직업운이 안정세로 돌아선다. 이제야 취업을 할 수도 있고 거래처와의 길고 긴 협상도 합의된다. 취업준비생에게 기쁜 시기가 된다.
3. 직장 내에서 좋은 일들이 많이 생긴다. 그동안 진행했던 프로젝트의 성공이나 새로운 팀을 구성하는 등 자신의 입지를 굳히는 일을 시작하는 때가 된다. 취업준비생은 취업이 되니 면접을 많이 봐야 한다.

LOVE

1. 결혼, 연애의 성립 등 이제 연인과 함께하는 운이 된다. 어쩌면 동거하거나 결혼의 운으로 진입할 수도 있다.
2. 로맨스가 충만한 시기. 조용한 곳에서 둘만의 시간을 보내라. 솔로에겐 만날 상대가 좋아하는 무드 있는 곳에서 만남을 유지하라.
3. 연인과 기쁜 일이 생긴다. 또는 연인과의 애정이 더욱 깊어진다. 만약 소개팅을 나간다면 마음에 드는 짝을 만나게 될 것이다. 만약 나갈 수만 있다면……

MONEY

1. 모아놓은 돈들이 곶감 빼먹듯이 새어 나간다. 꼭 필요한 곳의 지출인지 생각해 보라. 경조사 비용지출도 늘어나니 신경을 많이 쓰게 된다.
2. 공동으로 모으는 돈을 주의해야 한다. 또는 가정 문제로 돈에 지출이 커진다. 안정적인 수익이 잠시 흔들린다.
3. 미리 준비했던 지출계획이 중간에 다른 일로 무너지게 된다. 여윳돈이 있다고 방심하지 말고 돈을 아껴서 사용하는 것이 좋다.

WORK

1. 거래가 무산되거나 약속이 깨진다. 사업의 기초가 흔들리니 좌우를 살피고 내 사람을 잘 챙겨야 한다. 취업준비생은 구두약속으로 확인한 것은 믿지 않아야 한다. 직접 발로 뛰어야 한다.
2. 불안정한 직장운이다. 이래저래 쓸데없는 이야기들이 떠돌고 마음만 불안하게 한다. 취업준비생은 신조 있게 지원하는 게 좋다. 소문에 휩쓸리면 피곤하기만 하다.
3. 일에는 실망이 가득하니 하기 싫을 때도 많고 포기하고 싶은 마음도 든다. 주변에 칭찬은 없고 비평만 가득하니 조금은 주의해야 한다.

LOVE

1. 그동안 감정에 젖어서 보이지 않았던 현실이 보이기 시작한다. 처음부터 빠져 있던 모습은 착각일까? 아니면 그 모습이 진실일까? 이제 조금씩 서로에게 실망할 시기이다.
2. 서로 간의 감정이 조율되지 않는다. 로맨스는 깨지고 마음만 허탈해진다. 당신이 원하는 상대라면 양보하고 상대의 말에 귀를 기울여라. 백 마디 말보다 한 번 잘 들어주는 게 좋을 때도 있다.
3. 이성에게 대시하거나 무리하게 만나려고 하지 말라. 평온함을 잃고 나쁜 쪽으로 연애가 진행되게 된다. 아직 시기가 좋지 않다.

FIVE OF WANDS.

MONEY

1. 나간 돈을 회수하기 위해 고군분투를 해야 할 일이 생긴다. 서서 빌려
   주고 엎드려 돌려받는 일이 생긴다는 말이다. 들어오기로 약속된 돈은
   장애가 생겨 미뤄지게 된다.
2. 돈 관리 때문에 여러 사람에게 신경 써야 할 일이 생긴다. 이쪽을 돕자니
   저쪽이 울고 저쪽을 돕자니 이쪽이 운다. 또는 내 몫을 찾기 위해 고군분투해야
   할 수도 있다. 빌려준 돈은 돌려받기도 일단 다투어야 할 정도로 힘들다.
3. 돈으로 인한 격한 다툼이 예상된다. 돈에 대한 모든 분쟁은 다음 기회로
   넘기는 것이 좋다. 운이 나쁘면 피하는 것이 상책. 재판에서 승소
   가능성이 높다면 해결할 것.

WORK

1. 눈앞의 일을 해나가기에 바쁘다. 좋은 일이든 나쁜 일이든 정신을 똑바로
   차려야 한다. 취업준비생은 경쟁이 많아진다. 세세히 살피면 자신에게
   유리한 곳이 보인다.
2. 일이 밀려 밥 먹을 시간도 부족해진다. 사방에서 내가 해결할 일만 생기니
   정신이 없는 것이다. 아무리 바빠도 일을 미루지 말고 도움을 요청해서라도
   해결하라. 직장 동료들과 다툼이 생길 수도 있으니 주의할 것!
3. 경쟁과 투쟁이 다가온다. 정신을 바짝 차리고 맞서야 한다. 자신 앞에 온
   일을 미루거나 실수하면 험난한 일이 생긴다.

LOVE

1. 연인과 관계가 복잡해진다. 이래저래 사람들 사이에 복잡한 인과관계가
   얽히기 시작하니 주의 하는 것이 좋다.
2. 연애에 경쟁자가 생기니 내 연인에게 대시하는 이성이 있는지 살펴보아야
   한다. 또는 연인 간에 오해로 심한 다툼이 생길 수 있다. 주의할 것!
3. 숨겨 왔던 과거가 들통 나거나, 상대 몰래 숨겨왔던 연인이 발각된다.
   숨겨왔던 비밀이 핀치에 몰려 드러나게 된다. 차라리 미리 얘기하는 것은
   어떨까? 두 사람의 관계에 위기가 찾아온다.

(R)
reverse

MONEY

1. 여러 가지 닥쳐오는 지출 문제가 이제 해결될 수 있다. 그렇다고 해서 자금의 여유가 생기지는 않지만 일단 한시름은 놓을 수 있게 된다.
2. 그동안 자금 문제가 없었다면 이제 지출될 곳들이 어지러워 해결하기 힘들어진다. 푼돈을 아껴야 한다. 큰 돈에 신경 쓰고 푼돈에 무심하면 어느새 준비해 놓은 목돈이 사라진다.
3. 그동안 어려운 상황이었다면 어려움에서 벗어난다. 하지만 그동안 별일이 없었다면 금전으로 인한 분란이 일어나니 주의할 것! 갚을 돈이 있다면 조금이라도 갚아 성의를 보여야 들볶이지 않는다.

WORK

1. 상황이 어지럽고 복잡해지고 있다. 결정하지 못하고 휩쓸리기만 할 가능성이 높으니 진짜와 가짜를 구별하는 데 온 신경을 집중해야 한다. 취업준비생은 사기취업에 주의하여야 한다.
2. 직장 내 부조리에 휩쓸리지 말 것! 우유부단한 행동은 그런 문제에 쉽게 휩쓸리게 된다. 아무리 치밀한 거짓도 결국에는 드러나기 마련이다.
3. 한 가지 일에 이래저래 의견만 많고 해결책은 없다. 이런 고전은 계속되니 참아야 한다. 취업준비생은 갑자기 경쟁자가 끼어드니 조금 어려워진다. 난제는 하나씩 풀어가야 해결된다.

LOVE

1. 연인과 냉전 중이었으면 풀려나간다. 그러나 화목했었다면 다투게 된다. 그동안 쌓인 문제들이라 불만이 한두 가지가 아니다. 맞서지 말고 받아주는 것이 오히려 이롭다.
2. 잠시 다투고 서운한 관계라면 화해의 기회가 찾아온다. 만약 그렇지 않다면 어떤 말로도 연인과 다투지 말라. 회복할 수 없게 된다. 또는 연인이 교통사고를 당하게 되니 주의할 것!
3. 두 사람 간에 장애가 점점 줄어든다. 장래를 위해 앞으로 한 걸음씩 나아가는 때이다. 그러나 곁다리로 낀 사람은 이제 정리해야 할 때.

SIX OF WANDS.

MONEY

1. 자신에게 유리한 상황으로 변해가고 있다. 투자든 적금이든 이익을 보게
   되며 부동산 등에 투자한 사람들은 이 시기에 이익을 볼 수 있다.
2. 먼 곳에 돈을 구하러 가서 큰 돈을 구해오니 멀리 다녀라. 이익이 있다.
   또는 새로운 수입처가 생기는 시기이니 열심히 사람들을 만나야 한다.
3. 새로운 투자처를 찾아 고심하게 된다. 본인의 직감을 믿어라. 곧 좋은
   투자처를 찾게 될 것이다. 자금이 이동을 크게 하니 적금 변경이나 계를
   타서 적금을 드는 등 자금을 새롭게 정리하게 된다.

WORK

1. 먼 이익을 위해 지금부터 해야 하는 일을 시작하게 된다. 또는 공동사업을
   구상하거나 일 하나에 공동작업을 하게 된다. 지금은 타인과 함께
   활동하기에 좋은 시기이다.
2. 새로운 일과 해오던 일 등 해야 할 것이 점점 늘어나고 책임져야 할 것도
   늘어난다. 일은 혼자만 하는 것이 아니다. 동료와 함께 한 걸음씩 나아갈
   생각부터 하라. 취업준비생에게는 좋은 소식을 기대해볼 수 있다.
3. 이직이나 출장 등 직장을 옮기거나 새 출발 하는 데에 좋은 운이
   들어왔다. 많은 사람들을 만나서 자신의 길을 모색해 보는 것도 좋다.
   용기 있는 업무추진력이 빛을 발할 때가 되었다. 대담함이 성공을 부른다.

LOVE

1. 계획된 연애는 성공을 부른다. 데이트 코스, 만남을 위한 스타일 준비 등
   사소한 것이 서로를 기쁘게 한다.
2. 연애를 시작하기 좋은 운이다. 이럴 때는 말도 잘되고 데이트도 잘되니
   노력하면 원하는 상대와 이루어지기도 한다.
3. 리더십으로 어필해 보는 것이 좋다. 대시는 성공의 열쇠이다. 용기 있는
   고백이 상대를 나의 것으로 만든다. 남자든 여자든 고백하는 사람만이
   상대를 놓치지 않는다.

(R)
reverse

MONEY

1. 투자에 손실이 들어오니 조용히 제자리를 지켜야 한다. 때가 이르니 모든 자금의 운영을 멈추고 기다리는 것이 이롭다. 빌려준 돈이나 받기로 한 돈은 더 늦어지게 된다.
2. 들어오기로 한 돈이 미뤄진다. 그로 인한 스트레스가 가중되니 약속한 돈을 너무 기다리지 말고 마음의 여유를 가지는 것이 좋다. 들어오지 않은 돈을 생각하고 지출하면 적자의 위기가 찾아온다. 주의할 것!
3. 마음에 따라 즉흥적인 지출을 하는 일들이 많아진다. 항상 가계부를 떠올리고 빚을 만들지 않는 선에서만 지출하는 것이 중요하다.

WORK

1. 할 일이 지연되어서 머뭇거리게 된다. 여러 가지 문제로 인해 직장운이 쉽게 풀리지 않는다. 원인이 자신에게 있는 것이 아니니 기다리는 것밖에 해결점이 없다.
2. 제자리에 멈춰 서서 침착하게 움직여야 한다. 예상한 매출 등 여러 가지 진행 상황이 정체된다. 새로운 프로젝트는 확실해질 때까지 보류하는 것이 좋다.
3. 출장이나 멀리 갈 일은 취소되고, 진행하던 업무가 막힌다. 인적자원이 부족해서 생기는 일이니 혼자 해결하려 하지 말고 주변에 이야기해서 진행해야 한다.

LOVE

1. 연인관계는 우유부단해서는 안 된다. 이쪽 저쪽 모두 좋은 사람으로 남고자 한다면 당신은 어느새 양다리를 걸치고 있게 될 것이다. 내 마음을 속이면 상대도 나를 속인다.
2. 데이트 비용이 자꾸 늘어난다. 또는 부담 가는 선물을 해야 하는 것이 신경 쓰인다. 자신의 형편을 고려하는 게 낫다. 선물의 크기는 늘어나기만 하지 줄어들 수는 없다.
3. 연인과 여행하기 힘들어진다. 자꾸 계획이 맞지 않으니 먼 여행은 피하고 가까운 곳에서 만나라.

SEVEN OF WANDS.

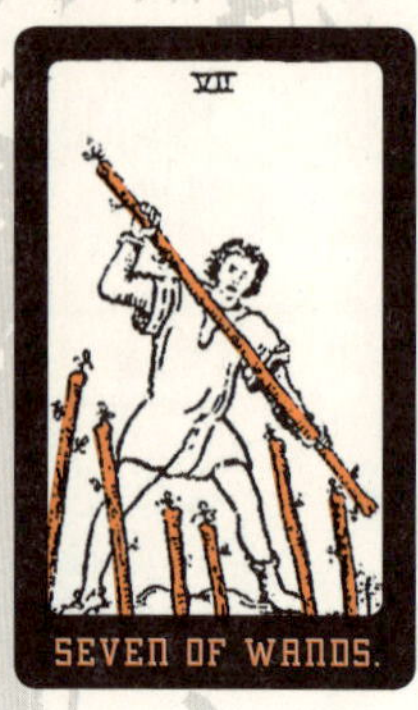

MONEY

1. 이익분배에 있어서 상대보다 유리한 위치에 있다. 당신은 원하는 분배를
   얻게 될 것이다. 당신에게 배당금의 행운도 있다. 복권의 작은 당첨금도
   기대해볼 만하다.
2. 지출이 숨어 있는 도둑처럼 늘어나니 깜짝 놀라고 또 해결하느라 골치가
   아프다. 그러나 결국에는 해결이 될 것이니 너무 당황하지 말고 잘
   계산하면 된다.
3. 주변의 투자의견을 주의해야 하고 들어올 돈을 예상하고 미리 지출하는
   일은 자제해야 한다.

WORK

1. 여러 가지 발생하는 문제들을 잘 해결해 나가는 운세이다. 업무든
   인간관계이든 당황하지 말고 천천히 대처하면 아무 문제없이 해결해 나갈
   수 있다.
2. 일거리는 많고 사람은 부족하고 혼자 감당할 일 때문에 지치기도 한다.
   이럴 때 자신의 능력을 보여주는 것도 좋다. 힘들기는 해도 스스로 모두
   해결할 수 있다. 취업준비생은 경쟁이 많으니 아슬아슬하다. 그러나
   연락이 올 것이다.
3. 일이 점점 늘어나 감당하기 어려우니 주변에 도움을 청하지만 도와줄
   사람은 없다. 그냥 하소연만 할 뿐이다. 사업엔 경쟁이 많고 서류 준비가
   늘어나 심기가 불편하다. 자신의 자리를 지키는 데 힘써야 한다.

LOVE

1. 연인 사이에 샘내지 말고 경쟁심을 유발하거나 갖지 말라. 이상하게 다툴
   일이 많으니 말꼬투리 물리지 말 것!
2. 연애의 줄다리기 상황이었다면 승리하게 된다. 당신이 이끄는 대로 상대가
   따라올 것이다.
3. 눈웃음 뿌리고 다니지 말라. 뜻하지 않게 문어발 된다. 또는 자신의
   연인을 지키기 위해 신경을 많이 쓰게 된다.

MONEY

1. 지출할 곳은 많은데 들어올 곳은 지연된다. 참고 인내해야 한다. 딱히 탈출구는 보이지 않는다. 단지 그동안 방심하고 썼던 돈들이 문제가 되고 있으니 그만큼은 절약을 해야 한다.
2. 돈 때문에 난처한 상황에 빠지거나 곤란한 입장에 놓인다. 있는 티내고 다녔다간 여기저기 지출이 늘어난다. 아끼고 없는 척해야 한다.
3. 들어올 곳은 하나인데 나갈 곳은 사방에 뚫려 있다. 몸 하나로 막기 힘드니 급한 것부터 처리하는 게 좋다.

WORK

1. 난처한 일이 갑자기 생긴다. 생각지도 않은 일이 생기니 대처하기 막막하다. 이 시기가 지나면 괜찮아진다. 취업준비생은 입사결정 난 곳에서 지연될 수도 있다. 또는 지원하기 만만한 회사가 생각 외로 어려워질 수도 있다.
2. 실패할까봐 망설이는 시간이 길어진다. 철저히 분석하고 진행하면 안전하지만 마음이 불안하다.
3. 직장 내에서 자꾸 난처한 일이 생긴다. 동료 간에 부탁이 많고 해결할 일도 많다. 새로운 프로젝트는 부담이 가고 동업자는 신용이 가지 않는다. 거북이 목은 위험할 때 움츠린다.

LOVE

1. 연인과 다투었다면 화해할 수 있다. 또는 연인과 자신의 주변에 사람들의 말이 많았다면 가라앉기 시작한다.
2. 연인 간에 깜짝 놀랄 일, 곤란한 일이 생긴다. 복잡한 일에 연루되지 말라. 헛소문을 주의할 것! 나쁜 일이라면 놀랄 뿐이니 큰 걱정은 하지 않아도 된다.
3. '상대가 무언가 숨기고 있다' 라는 예감이 든다. 마음이 복잡한데 연인도 속을 썩인다. 우유부단하게 행동하면 돌이킬 수 없는 상황까지 가게 된다. 미리미리 관리하는 게 좋다.

EIGHT OF WANDS.

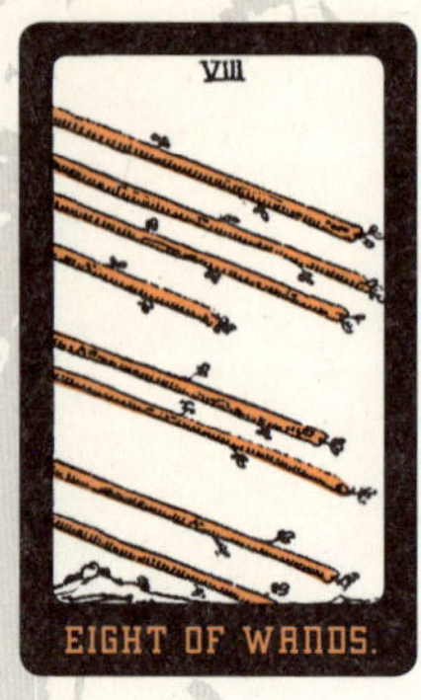

MONEY

1. 빠른 속도의 투자에는 이롭다. 급전을 돌려야 할 상황이 생긴다. 이래저래 돈으로 인한 문제는 많고 정신이 없다. 이럴 때일수록 정신 차리고 잘 관리해야 한다.
2. 빠른 이익의 발생과 속도감 있는 투자가 중요하다. 급하게 한 결정이 이익을 만든다. 단기 투자가 이익이다.
3. 수입과 지출을 빠르게 처리하라. 금 같은 것을 팔아야 한다면 적기이다. 우유부단함은 후회를 낳게 된다. 받을 것은 독촉해 빨리 받고 줄 것은 가지고 있는 것에서 빨리 주는 것이 좋다. 그로 인한 이익이 생기게 될 것이다.

WORK

1. 갑작스럽게 빨리 진행되는 것을 인지해야 한다. 상황이 급변하게 돌고 있고 우유부단함이 기회를 놓치게 할 수 있다. 취업준비생은 생각한 곳에 빨리 지원하는 게 좋다.
2. 상황이 갑작스런 변동을 일으키고 있다. 직장에서나 거래처 등의 변화를 주의하고 관찰하라. 기회는 잡는 사람의 것이 된다.
3. 회사가 시류를 따르기 위해 바삐 움직이게 된다. 또는 당신에게 승진의 기회가 올 수도 있다. 취업준비생은 갑자기 예전에 제출한 이력서 때문에 연락이 오게 될 수도 있다.

LOVE

1. 연애도 부지런한 사람이 잘한다. 부지런히 만나고, 부지런히 대화하는 것이 연애를 키워나간다. 단, 약속시간을 너무 급하게 잡지 말고 여유를 두어야 한다. 연인과의 연애는 이상하게 바빠진다.
2. 연인과 진도를 빠르게 진행하라. 상대가 기다리다 늙어 죽는다.
3. 솔로는 갑작스러운 만남으로 인해 연인이 생길 수 있다. 사람들이 많이 모이는 곳에 항상 참석해 보라. 소개팅이 있다면 빨리 준비하고 나가야 한다. 부지런한 만큼 맘에 드는 상대를 만난다.

(R)
reverse

MONEY

1. 투자의 유혹이 들어오면 물리쳐라. 성공할 수 없는 계획이며 단지 당신의 자금만 흘러나갈 뿐이다. 새로운 자금의 운용을 하기에는 나쁜 운으로 함부로 움직이지 않는 것이 좋다. 큰돈이 나갈 조짐이 보이니 주의할 것!
2. 금전 소식이 모두 지연되니 급하게 서둘지 말고 여유롭게 기다려야 한다. 금방 돌려받기로 한 돈까지 늦게 들어오니 속이 타지만 시간이 해결책이다.
3. 자금의 처리를 빠르게 해야 하지만 들어올 것이 제때에 들어오지 않아 자꾸 꼬이게 된다. 원래 돈이란 건 들어올 것이 들어오고 나가야 하는데 들어올 곳부터가 지연된다. 미리 급한 곳과 덜 급한 곳을 분리해 놓는 것이 좋다.

WORK

1. 업무에 혼동이 온다. 실수로 인해 손실을 입을 수도 있다. 밀어닥치는 여러 가지 일을 하나씩 해결하지 않으면 손실을 입게 된다. 무질서함이 원인이니 순서부터 바로 잡을 것!
2. 이래저래 실수도 많고 손실도 많고 주위의 눈치 볼 일도 많다. 주의하라! 자신이 산만해서 벌어지는 일이지 남 탓이 아니다. 취업준비생은 서류상의 착오가 생기는 시기이므로 지원기간이 남아 있는 기간 내에서 조금 늦게 지원하라.
3. 자신의 느린 판단이 악운을 불러온다. 속임수가 주변에 숨어 있으니 진퇴양난이다. 함부로 움직일 수 없고 안 움직이면 손해만 보게 된다. 빠져나가는 길은 타인의 시선으로 판단해 보라.

LOVE

1. 약속을 지키기 어렵게 되니 이번 약속은 다음 기회로 미뤄라.
2. 상대는 내 미적거림에 미리 질려가고 있다. 연애가 지루하다면 당신은 그 사람을 사랑하고 있지 않은 것이다.
3. 연애에 지각사태가 늘어난다. 이상하게 약속을 지키기 어려우니 시간을 넉넉하게 잡고 많이 만나는 것을 피하는 것이 좋다. 그 외에도 상대방의 잔소리가 늘어나니 신경을 쓰지 말고 귓등으로 넘겨라.

NINE OF WANDS.

MONEY

1. 금전적인 어려움은 점점 줄어든다. 빚이 있었다면 거의 다 갚아 나가는 중이다. 이대로 가야 한다. 그러나 주변의 달콤한 말이 나를 괴롭힌다. 혼자서 가는 길이 바른 길이다.
2. 곤경에 빠져서 탈출구를 기다리는 때이다. 숨겨진 일들에 대해 아직은 모르고 있을 때이다. 막연한 기대를 하지 말고 하나씩 금전적인 문제를 해결해 나가는 것이 좋다.
3. 여러 우여곡절 끝에 금전적인 문제들은 하나씩 해결이 되어 나간다. 포기했던 돈도 손실은 입었지만 회수가 가능해진다. 단지 마음의 상처가 낫기는 힘들다.

WORK

1. 업무의 스트레스, 자꾸 가라앉는 매출로 압박을 느끼게 된다. 막연하지만 희망을 가지고 버텨내면 좋은 결과를 맞이하게 될 것이다.
2. 조용히, 묵묵히 자신의 일만 하라. 곧 댓가가 찾아온다. 남이 알아주지 않는다고 서운해 하지 않아도 된다. 알아야 할 사람은 이미 당신을 주시하고 있다.
3. 많은 장애를 거치고 나서야 간신히 일이 해결된다. 취업준비생은 지금 목표로 잡은 회사보다 낮추는 것이 좋다. 경쟁에서 밀릴 수 있다. 지쳐서 포기하고 싶을 때 성사된다.

LOVE

1. 그동안 난관이 많았던 연애라면 이제야 그 문제들을 정리하고 잠시 쉬는 시간이 되어 가는 때이다. 다투고 있었다면 화해를 시도하는 것이 좋다.
2. 연인관계조차도 복잡하니 마음이 쉴 곳이 없다. 상대의 마음을 알려고 하지 말라. 어차피 상대도 나의 마음을 모른다. 서로 마주 보고 마주 보이는 것에 진심을 다하는 것이 서로를 만족시키는 방법일지도 모른다.
3. 말다툼과 지루한 논쟁을 사랑하는 사람과 하게 된다. 꼭 그래야만 할까? 사실 따지고 보면 유치할 정도로 사소한 일이 발단이 된다. 연인 간에 논쟁은 아무 의미 없는 자존심 싸움이라는 것을 언제쯤 알게 될까? 서로에게 가시 돋친 말을 삼가야 한다.

(R)
reverse

MONEY

1. 힘든 지출을 해결하고 나니 또 하나가 남아 있다. 짜증나고 힘들어도 그 지출은 과거에 자신이 만든 것이다. 늘어난 지출을 생각하고 다음부터는 지출을 줄여야 한다.
2. 막을 곳은 많은데 다 틀어막지 못하니 마음만 급하다. 독촉이 심한 것부터 막는 게 이롭다.
3. 문제들이 많다. 하나 지출하면 다음 지출이 열려 있다. 숨 돌릴 틈이 없으니 짜증이 난다. 내 형편은 모르고 자꾸 달라는 사람만 모인다.

WORK

1. 갑작스러운 장애물이 나타난다. 어쩌면 알고 있으면서도 생각하고 싶지 않았던 일일 수도 있다. 여러 가지 문제로 하는 일이 지체된다.
2. 새로운 거래처를 뚫는 데 장애가 많다. 직장 내에서 실적이 늘어나지 않고 정체가 된다. 이럴 땐 마음의 여유를 가지고 분석부터 해봐야 한다. 취업준비생은 자꾸 떨어지는 것에 겁먹지 말라. 본인의 인연이 닿는 곳은 반드시 있다.
3. 자꾸 일에 문제가 생긴다. 방해를 극복하는 것이 문제다. 생각지 못했던 부분에서 생기는 일이니 주위에 관심을 기울여야 한다.

LOVE

1. 그동안 연예 문제로 사방에서 문제를 겪었다면 이제 풀어지기 시작한다. 그러나 지친 마음은 서로 감싸줘야 한다. 누가 더 고생한 것이 많은가 자랑하는 것은 연애가 아니다.
2. 연인의 건강이 나빠진다. 자세히 살펴보는 것이 좋다. 또는 두 사람 사이에 각종 장애물이 나타난다. 방심하지 말 것. 서로를 감싸는 것이 좋다.
3. 많은 일이 있었던 연인은 화해를 하게 된다. 그러나 어떤 일도 없이 편하게 지내왔던 연인들은 갑자기 엉뚱한 일로 난관에 봉착한다.

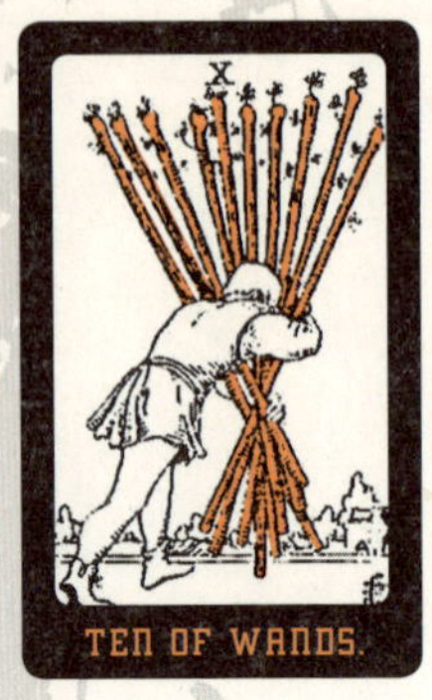

MONEY

1. 잠복해 있는 지출이 보인다. 갑자기 나가는 돈을 대비해서 미리 준비하는 것도 좋다. 압박해 오던 자금난을 벗어나고자 하나 어려울 수 있다.
2. 내 것이 많다고 드러내면 질투를 사게 된다. 연체된 돈들이 있다면 유난히 애를 먹게 된다. 금전운으로 인해 타인과의 싸움이 예상되니 조용히 지나가는 것이 좋다.
3. 지출 부담이 커지게 된다. 자신이 책임져야 할 지출이 많으니 간신히 문제가 생기지 않게 해결할 수 있다. 고민과 스트레스는 많지만 해결은 잘 될 것이다.

WORK

1. 과도한 업무에 지치는 시기이다. 거래처에선 압박이 심하다. 취업준비생은 잘되지 않는 상황에서 주변의 압박이 심해진다. 열심히 하는 척이라도 해야 한다.
2. 밀린 일들이 파도처럼 밀려온다. 게다가 도와주거나 함께 일해야 하는 사람들도 각자의 일로 바빠 혼자 감당해야 한다. 기존의 일을 마무리 짓는 마음으로 버텨야 한다.
3. 일이 무겁고 힘들다고 남에게 도와 달라고 하기 힘든 시기이다. 지금은 무소의 뿔처럼 혼자서 묵묵히 나아가야 할 때이다. 포기하지 말고 지금 이 난관을 잘 헤쳐 나가야 한다.

LOVE

1. 연인 간에 문제가 있었다면 곧 풀리게 된다. 그동안의 오해는 오해로 끝나게 될 것이다. 솔로라면 이제 대시할 시기가 다가오는 것이다.
2. 정신 사납고 마음이 힘들 때인데 연인에게 말하기 힘드니 연인도 나에게 짐이 된다. 연인조차 위로가 안 되고 짐이 되니, 만나는 것을 일 핑계로 적당히 만나는 것이 좋다.
3. 마음만으로 하는 연애는 이미 시기가 다되지 않았을까? 이제 현실을 바라보아야 하는데 재정적인 여유가 받쳐주지 못한다. 결혼을 생각하기에도 무리가 있다.

(R)
reverse

MONEY

1. 자금으로 힘에 겨운 사람이라면 그 짐을 내려놓게 될 것이다. 하지만 자금에 여유가 있었던 사람은 곤란함이 찾아오니 자금관리에 정신을 바짝 차려야 한다.
2. 자금의 압박에 시달리게 된다. 이상하게 지출할 곳이 자꾸 늘어가니 스트레스를 받게 되는 것이다.
3. 주변의 말을 듣고 지출하지 말라. 귀찮아서 들은 말 때문에 결과는 혼자 책임져야 한다. 자신이 사고 싶은 것만 사고 지출하고 싶은 곳에만 지출하며, 사기꾼의 기미가 보이는 말을 잘하는 사람은 피하는 게 좋다.

WORK

1. 힘들었던 일들이 곧 풀리게 된다. 목표 달성을 위해 조금 더 노력하면 좋은 일이 있을 것이다. 취업준비생은 좋은 소식을 기대해도 좋다.
2. 이제야 힘든 일에서 벗어나게 된다. 그동안 힘들었다면 조금 쉬엄쉬엄 할 수 있게 된다. 또 사업상의 문제가 많았다면 이번 시기에 그 해결의 실마리가 나타난다.
3. 그동안의 압박에 변화를 기대한다. 그러나 숨겨진 적이 나를 속이기 위해 준비하고 있다. 차라리 그 자리에 머물러 있는 것이 좋다.

LOVE

1. 돈 문제, 회사 문제로 정신없고 힘든데 이젠 연인도 속 썩인다. 또는 연인에게도 문제가 생겨 머릿속이 복잡해진다. 모른 척 지나가라. 도와줄 수 없을 때 말만 하는 것은 더 야속해질 뿐이다.
2. 연인이 짐짝이었다면 그런 무거움에서 벗어난다. 한결 마음이 가볍고 원활한 의사소통이 이루어진다.
3. 그동안 둘 사이에 역경이 있었다면 그것은 점점 힘을 잃게 될 것이다. 한층 연애가 발전하는 시기, 솔로는 기다리는 것보다 상대에게 직접 얘기해 보는 것이 좋다.

PAGE OF WANDS.

MONEY

1. 멀리서 새로운 사람이 찾아와 나를 돕는다. 중요한 투자정보를 나에게 알려주는 자가 있다. 귀를 열고 마음을 열고 사람을 맞이하는 것이 나의 금전운을 좋게 한다.
2. 타인으로부터 좋은 운을 이어받게 된다. 급전이 필요할 때 지인으로부터 도움을 받게 된다.
3. 투자에 대한 호기심과 새로운 수익을 기대하는 마음이 커진다. 이런 시기엔 주변 사람들의 투자 노하우에 경청하고 그들의 경험을 내 것으로 만드는 것이 좋다. 큰 돈을 기대하지만 적당한 크기로 줄어 들어온다.

WORK

1. 당신의 친절함과 성실함을 인정받는 시기가 된다. 이에 따른 이익은 여러 가지 형태로 당신에게 나타난다. 취업준비생은 자신의 능력보다 자신의 성실함을 어필하는 것이 좋다.
2. 멀리서 찾아오는 사람이 나를 기쁘게 한다. 선의의 사람이 찾아오니 기존의 거래처와는 다른 좋은 조건이 생긴다. 취업준비생은 기대하지 않은 곳에서 기쁜 소식이 들려오게 된다.
3. 새로운 파트 또는 팀을 구성해서 일을 시작해야 한다면 아주 신중하게 모색해야 한다. 스스로 전문 분야가 아님을 직시하고 그만큼 눈치와 노력을 해야 하는 것이다. 작은 실수가 많아 스트레스는 쌓이지만 큰 문제는 아니다.

LOVE

1. 낯선 사람이 찾아와 연인으로 발전할 수 있게 된다. 타인에게 친절하게 마음을 열고 기다려 보라.
2. 연인에게 신뢰감이 쌓이게 된다. 책임감 있는 말과 행동이 당신의 신용을 높인다.
3. 친구에서 연인으로 발전할 수 있는 시기이다. 친했던 이성과 깊은 대화를 나누어 보고 자신의 마음을 전해보는 것도 좋다. 서툴지만 새로운 연애가 시작되는 운이다.

(R)
reverse

MONEY

1. 어설픈 지식으로 남을 흉내 내어 투자하지 말라. 반드시 손해를 입는다.
2. 스스로 무엇이 부족한지 모르고 돈 쓸 투자하거나, 쓰는 것만큼 손해 보기 쉬운 일은 없다.
3. 호기심은 호기심으로 끝내야 한다. 자신과 맞지 않는 수익처이다.

WORK

1. 모든 일을 급하게 진행하지 말라. 자신이 모르는 위험이 도사리고 있다. 서툰 일의 시도는 위험하지만 스스로의 용기에 도취되어 저지르게 될 가능성이 높다.
2. 새로운 일은 추진하다 무산된다. 지금은 움직이지 않는 것이 오히려 좋다. 일이 무산되었다면 다행이라고 생각하고 다른 일을 준비해야 한다.
3. 서툰 일을 시도하지 않는 것이 좋다. 실수가 많아 하는 일마다 꼬이니 되도록 중요한 일은 피하고, 익숙하고 쉬운 일부터 해결해 나가야 한다. 거래처와의 대화에는 항상 말을 조심해야 한다.

LOVE

1. 서툰 연애의 서툰 시도가 실패한다. 상대의 마음을 모르고 혼자만의 상상으로 도전하지 말라. 연애의 성공은 타이밍이 중요하다.
2. 사소한 문제가 불거져 헤어지기 직전까지 갈 수 있으니 주의할 것! 말을 조심하고 할 줄 모르는 것은 할 줄 모른다고 하는 것이 이롭다. 괜히 허풍쟁이로 찍힌다.
3. 같이 하는 일이 적으면 동상이몽이 된다. 상대의 헛소문을 듣고 마음이 심란해진다. 이럴 때는 같이 있는 시간을 늘리면 된다. 빈자리가 오래되면 오래될수록 소문은 진실이 된다.

KNIGHT OF WANDS.

MONEY

1. 작게 투자하고, 작게 거두어들이는 운이다. 그러나 길지 않으니 단기
   투자에만 적합하다. 큰 돈을 쓸 일도 생긴다.
2. 그동안 모은 돈으로 목표했던 것을 구입하게 될 것이다. 또는 새로운
   적금이나 새로운 목표로 작은 돈을 모으게 된다. 이 시기에 저축에 대해
   많이 생각해 보라.
3. 스스로 움직이면 이익이 있으니 자금 관련한 일들을 많이 해야 한다. 큰
   돈은 아니어도 작은 돈들은 생긴다.

WORK

1. 출장과 이직의 운이 있다. 미리 이야기가 진행 중인 곳이 있다면 이직을
   해도 좋다. 출장은 비용을 많이 받아서 여행 겸으로 가는 게 좋지 않을까?
2. 일 중에 강력하게 밀어붙일 일들이 생긴다. 이 일들은 본인에게 많은
   부가이익을 주게 되니 꼼꼼하게 잘 추진해 나가야 한다. 뜬금없는 승진
   같은 일도 생기니 마음의 여유를 가질 것.
3. 새로운 일을 하기에 아주 좋다. 취업준비생은 취업이 되고 사업자는
   타이밍을 맞춰 시작하게 된다.

LOVE

1. 연인과 함께 새로운 일을 시작하라. 새로운 데이트 장소를 물색하거나,
   연인과 함께할 수 있는 이벤트를 준비해 보라. 당신의 연인이 크게 기뻐할
   것이다. 또는 먼 여행을 계획해 보아도 좋다.
2. 솔로는 관심 있는 상대에게 말을 걸어라. 자신의 이야기보단 상대의
   이야기를 많이 들어주는 것이 좋다. 그런 과정을 거치면 당신에게 좋은
   연인이 생길 것이다.
3. 새로운 만남이 생기는 시기이니 깨끗하고 깔끔하게 하고 다녀라.
   무언가 연애운에 새로운 변화가 생길 것이다. 내가 부지런한 만큼 좋은
   인연을 맺는다.

MONEY

1. 기다리던 소식이 돌아오지 않는다. 나갔던 돈을 기다리나 아직 돌아올 소식이 없다. 새로운 투자를 추진한다면 좋지 않다.
2. 잠시 지출을 멈추고 기다려야 한다. 아직 큰 지출이 남아 있으니 사소한 지출을 줄이고 대비하는 것이 좋다. 받기로 한 큰 돈은 못 받는 것이 아니라 연기된다.
3. 투자의 시기를 놓쳤다. 늦은 투자는 이익보다는 난처함만 가져다준다. 이것 저것 지출이 많은 시기가 다가온다. 주의할 것!

WORK

1. 배신자나 거래처와의 문서에 문제가 없는지 확인해야 한다. 취업준비생은 면접을 대비해서 언변을 키워라. 실수로 한 답변이 덫이 되어 발목을 잡는다.
2. 너무 친절한 자를 조심하라. 또 거래처에서도 쓸데없이 말 많은 이를 주의하라! 배신자가 숨어 있다. 일거수일투족이 내 윗사람에게 다른 이의 입을 통해 알려질 수 있다.
3. 새롭게 당신과 함께 일하려는 사람을 주의하라! 배신의 위험이 있다. 명예적인 손해를 볼 위험에 대비해야 한다.

LOVE

1. 뒷소문이 점점 커지지만 놔둘 수밖에 없다. 함부로 움직이면 스캔들만 커질 뿐이다. 연인과 엉뚱한 일로 싸우고, 잠시 소식을 두절하게 될 수도 있으니 과격한 말들은 피하는 것이 좋다.
2. 누가 나를 배신하는가? 가장 사랑하는 사람이 나를 배신하니 상대를 잘 살펴보아야 한다. 웃는 얼굴에 생기가 없다면 마음이 떠나고 있는 것이다.
3. 사소한 말다툼이 결국 두 사람의 관계를 깨트리게 된다. 시간이 지난 후 '내가 왜 그렇게 흥분했을까?' 하면서 후회하게 될 수 있다. 대답을 하기 전에 한 템포 늦춰야 한다.

QUEEN OF WANDS.

MONEY

1. 이래저래 주변에 돈을 빌려주거나 돈 고민을 상담해줄 일이 생긴다.
   빌려주는 것은 절제하는 게 좋다. 원수 맺기 싫다면 고민만 들어주고
   위로만 하라.
2. 곧 목돈이 만들어진다. 또는 그동안 모았던 돈들이 이제 사용할 시기가
   된 것이다. 새로운 투자처를 찾기에도 좋고 부업거리의 수익도 기대해볼
   만하다. 약속한 자금은 들어온다.
3. 묶여 있던 자금이 풀린다. 이제야 마음 편히 주변의 지출을 감당할 수
   있게 된다. 섣부른 곳에 낭비하는 것만 금물이다.

WORK

1. 회사 내에서 또는 사업 아이템에 대해서 깊은 관심을 가진다면 반드시
   좋은 일이 생긴다. 이는 평소엔 보지 못하고 지나치던 것에서 새로운
   일이 만들어지는 것이기 때문이다. 취업준비생은 가까운 곳에서 회사를
   찾아보면 좋은 일이 생긴다.
2. 긴장시켜 왔던 일이 이제 마무리 단계로 들어섰다. 거래처와의 계약은
   유리한 조건에서 성사된다.
3. 새로운 투자처를 물색할 기간. 새로운 적금과 부동산 등에 투자할 시기.
   인내하고 노력하는 자에겐 행운이 돌아온다.

LOVE

1. 헌신적인 마음으로 연애하게 된다. 상대의 고통을 나누고 감싸는 마음이
   중요한 시기이다. 그만큼 서로에게 행복한 시기가 될 것이다. 서로가
   신뢰하여 관계는 더 깊어진다.
2. 연인 간의 감정이 좋은 방향으로 고조된다. 한창 사랑이 깊어질 시기이다.
   서로에게 상냥하게 대하라. 좋은 시기에 행복할 것이다.
3. 연인만이 나를 위로한다. 두 사람의 관계에서 휴식을 찾으면 된다. 솔로는
   관심 있는 상대에게 고민을 털어 놓으며, 서서히 접근하면 좋다.

(R)
reverse

MONEY

1. 동정심에 의한 지출, 자선단체에 기부나, 어려운 친구들에게 돈을 빌려줄 일이 많다. 그저 자신의 의지대로 하는 수밖에 없다.
2. 빌려준 돈은 받기 힘들다. 받기로 한 돈들이 점점 뒤로 밀린다. 혹은 채무자가 연락을 끊기도 한다.
3. 이래저래 답답한 상황으로 보인다. 혹시 사채를 쓸 생각이라면 절대 하지 않는 게 좋다. 답답한 상황에서의 탈출구는 다음 기회에 곧 열릴 것이다. 꼬인 일은 사람의 힘으로 꼬인 게 아니다. 시간의 힘으로 풀어야 한다.

WORK

1. 믿어왔던 거래처가 배신을 할 수도 있다. 또는 함께 일했던 동료가 성과를 낚아챌 수도 있다. 주변을 너무 믿지 말라. 어쩌면 달콤한 말 속에 독이 숨어 있을 수도 있는 것이다.
2. 나는 준비가 되었지만 상황은 준비가 되지 않았다. 새로운 일은 안과 밖이 잘 맞을 때 시작하는 것이 좋다. 서두르지 말고 시기를 더 기다려야 한다.
3. 새로운 일을 벌이지 말라. 새로운 일은 미진하고 진척이 없지만 본인에겐 그 일밖에 없는 듯이 정신이 팔려 다른 일을 못하게 된다.

LOVE

1. 연인과 무엇을 함께하기로 했다면 피하는 것이 좋다. 나쁜 것이 아니라 아예 진행이 되지 않는다. 연인에게 큰 문제가 생겨 두 사람의 걱정거리가 나타난다.
2. 연애는 수평적인 관계이다. 그러나 당신은 연애를 종속적인 관계로 만들려 하고 있다. 상대방에게 무리한 요구는 하지 말 것.
3. 질투와 시기, 그리고 배신의 예감만 쌓이는 운이다. 아무것도 하지 말라. 없는 상황이 만들어질 수도 있다.

KING OF WANDS.

MONEY

1. 곗돈이나 적금을 타는 운이다. 하지만 들어온 목돈을 크게 지출할 수도
   있다. 당신에게 꼭 필요한 곳인지 다시 한 번 생각하라.
2. 금전적으로 안정되어 있는 운이다. 본인은 안정되어 있으나 주변 사람은
   그렇지 못하다. 내 돈보다 타인의 금전을 더 걱정해야 하는 운이다.
3. 투자는 주의하고 빌려주는 것도 주의하라! 자금 운용에 대해 작지만
   안정된 수익을 기대하는 것이 좋다.

WORK

1. 이래저래 관리할 일이 넘쳐난다. 게으름만 없다면 충분히 해결할 수 있는
   일들이다. 취업준비생은 여기저기 기회가 생긴다. 주의해서 지원하라.
   물고기가 많은 저수지라고 해도 자신이 월척을 낚을지는 모르는 일이다.
2. 정직하고 양심적으로 일을 할수록 본인에게 힘들지만 더 좋은 일들이
   생겨난다. 세상의 일들은 주는 만큼 받는다는 것을 느끼게 된다.
   취업준비생은 곧 취업의 기쁨이 있을 것이다.
3. 그동안 했던 일의 성과를 얻게 된다. 승진의 기회가 있다면 승진할
   것이고 취업준비생은 바로 취업이 된다. 독립이나 이직 등의 희망도 빨리
   알아봐야 한다. 업무의 성과를 얻는 시기이다.

LOVE

1. 결혼 문제에 대해 진지해져라. 결혼에 성공할 수 있다. 이제 연애보다는
   결혼을 향해 같이 걸어가야 할 시기이다. 솔로라면 친구 같던 상대에게
   고백하고 연인으로 발전해야 할 시기이다.
2. 새로운 사랑이 시작된다. 주변에서 누군가 당신을 지켜보는 시선이
   느껴진다. 주변에 관심을 가지면 당신의 연인을 만나게 될 것이다.
3. 관심 있는 상대에게 접근한다면 당신은 새로운 연애에 빠져들게 될
   것이다. 기존의 연인은 근사한 데이트를 계획한다면 순조로울 것이다.

(R)
reverse

MONEY

1. 돈에 대해 정확히 계산해야 한다. 부풀려 계산하거나, 부족하게 계산하게 될 수도 있다. 그로 인한 피해가 생길 수 있으니 주의하라!
2. 사고로 인한 지출이 생긴다. 또는 부조금 낼 일이 생긴다. 자금의 압박이 심해지므로 웬만한 지출은 삼가고 자금을 확보하는 것이 좋다.
3. 손해가 예상된다. 되도록 지출을 줄이고 중고차 등 정가가 정해지지 않은 물건을 사는 것에 조심하는 게 좋다. 예상보다 비싸게 산다.

WORK

1. 익숙한 일인데도 잘되지 않고 원래 진행하려 했던 방향과 다르게 진행이 된다. 그러므로 성급한 일처리는 금물이다. 자꾸만 오류가 생기니 천천히 마음먹고 진행해야 한다. 취업준비생은 당연히 될 줄 알았던 곳이 잘되지 않으니 다음 기회를 기다려야 한다.
2. 독단적인 진행은 동료들로부터 원성을 듣게 만든다. 주변의 생각대로 가지 않더라도 의견을 들어주는 척이라도 해야 한다. 정작 어려울 때 손을 내밀어 주는 동료가 없게 될 것이다.
3. 직장 내 이슈에 너무 민감하게 반응하지 말라. 그저 지나가는 소문일 뿐이다. 휘말려서 우왕좌왕하면 추한 모습을 보이게 된다. 취업준비생은 루머에 불안해하지 말라.

LOVE

1. 동정심으로 연애를 할 것인가? 결혼한 이성을 주의하라. 성숙한 이성을 좋아하는 것이 잘못하면 불륜으로 빠지게 된다.
2. 너무 독단적인 행동은 좋지 않다. 연인과 상의하면서 데이트를 진행하는 게 좋다. 상대의 작은 행동에 너무 민감하게 반응하지 말라.
3. 체면 때문에 확인하기 힘든 내용들은 물어보지 못한다면, 차라리 잊는 것이 좋다. 상대방의 행동에 예민하게 반응해 지나치거나, 과장된 생각까지 하게 된다. 연인끼리는 많은 대화가 필요한 것이지 혼자 상상한 것으로 상대를 의심 한다면 연인의 관계는 깨지게 된다. 궁금하거나 의심이 간다면 직접 물어보라.

ACE OF PENTACLES.

MONEY

1. 행복한 금전운, 목표에 달성한다. 적금 만기, 곗돈 타기 등 푼돈이 목돈이
   되어 돌아온다. 기쁜 소식을 기다릴 것.
2. 금전적인 이익이 많다. 이럴 때는 눈 앞에 확실한 이익이 있는 것에
   매진하여 확실히 현금을 확보해야 한다. 대출이나 빌리는 것, 빌려준 것을
   돌려받는 것에 이롭다.
3. 횡재가 있다. 또는 포기했던 돈이 돌아온다. 생각지 못한 돈들이 들어올
   수 있다. 들어온 돈을 잘 지켜야 어려울 때 편하게 지나갈 수 있다.

WORK

1. 직장운이 좋으니 승진이나 이직, 또는 부서이동을 해도 좋은 방향으로
   하게 된다. 난처했던 거래도 쉽게 성사되니 많은 일들을 해놓는 것이 좋다.
   취업준비생은 좋은 소식이 오니 면접을 빨리 보라.
2. 새로 시작하는 일에 사람들이 따르게 된다. 거래처와 큰 계약이 가능하며
   또는 급여가 오를 기회가 찾아온다.
3. 새로운 전망이 있는 좋은 기회가 찾아온다. 또는 누군가 좋은 계획을
   가지고 나에게 찾아오기도 한다. 선택은 신중하게 자신이 해야 한다.

LOVE

1. 고백의 댓가는 너무도 달콤하다. 연애 성취의 운이 찾아왔다. 상대가
   없다면 아무 일도 없다. 단지 준비된 자에게만 해당하는 이야기이다.
2. 새로운 연인이 생기거나 연인과 함께하려고 하는 일들이 잘 풀려 나간다.
   단기간 여행이라든지 함께 드는 적금이라든지 조그만 변화와 행운이
   따르게 된다.
3. 연애운에 경사가 들었다. 이럴 땐 뭐든 해도 좋을 정도로 서로의 마음이
   잘 통할 시기이다. 솔로에게도 기회는 생긴다. 고백하기 전에 친절을
   베풀어야 할 때이다.

(R) reverse

MONEY

1. 큰 돈 나갈 일이 생기니 주변을 잘 관찰하라. 생각지도 않은 곳에서
   모아놓은 돈이 나간다. 투자 같은 지출은 하지 않는 것이 좋다.
2. 엉뚱한 곳에 돈을 자꾸 쓰게 된다. 술 취한 듯 절제 없이 쓰는 돈은
   월말에 나를 숨 막히게 한다. 유흥업소는 절제하는 것이 좋다.
3. 큰 돈이 들어오려다 멈춘다. 현금을 손에 잡기 전까지는 돈을 벌었다고
   하는 것이 아니다. 신용 있던 쪽에서의 자금도 약속 기한보다 더 늦어지게
   된다.

WORK

1. 실패하는 계획에 비용이 지출된다. 큰 이익을 바라다 손실을 입으니
   주의하고 경계해야 한다. 취업준비생은 취업은 가능하나 급여가 적다.
2. 실질적인 이익이 없는 명예를 얻는다. 주의하라! 이로 인해 일은
   피곤해지기만 할 것이다. 취업준비생은 이름만 높은 회사에 지원하지
   말라. 실속 없는 시간만 지나게 될 것이다.
3. 이익이 없는 일에 이익이 있는 줄 알고 덤비게 된다. 냉철하게 따져보라.
   어쩌면 쉬는 것이 돈을 버는 것일 수도 있다.

LOVE

1. 겉으론 아무 문제없지만 두 사람 사이의 문제는 곪을 대로 곪아 있다.
   단지 '누가 터트려서 고통을 받게 될 것인가' 라는 것만 남아 있다. 만약
   무사히 지나가면 변화의 운이 따르지만 문제가 터진다면 서로에게 깊은
   상처가 남게 될 것이다.
2. 상대의 가족사에 문제가 생기니 살펴봐야 할 것이다. 데이트할 때는
   자금이 충분한지부터 확인하고 약속을 잡아야 한다.
3. 육체적인 관계에 의한 트러블이 생길 수 있다. 금전적인 트러블도 생길 수
   있지만 욕망에 의한 트러블이 더 크기도 하다. 당신의 연인에게 강요하지
   말라.

TWO OF PENTACLES.

MONEY

1. 주머니에 돈이 쌓여도 즐겁지 아니하니 참으로 슬프다. 나를 위해 쓸 수
   없는 돈은 그저 정거장에 지나지 않는다. 조용히 지내야 한다.
2. 나갈 곳이 미리 정해졌으니 자금이 여유가 있어도 마음이 풍족하지 않다.
   단지 그냥 좋은 척을 할 뿐이다.
3. 돈을 사용함에 있어서 머리를 많이 쓰게 되는 시기, 투자냐 안전한
   증식이냐를 고민하게 된다. 이럴 땐 사회적인 분위기에 역행하는 것이
   좋다. 투자가 좋다면 적금을 들고 적금이 좋다면 투자를 하라.

WORK

1. 문서운이 좋다 이럴 때 밀린 업무나 계약을 처리하라. 그러나 귀찮은
   접대가 생길 수 있다. 취업준비생은 이력서와 자기소개서를 점검하고
   제출해 보라.
2. 접대가 많은 시기이다. 하지만 기왕이면 기쁜 마음으로 임하라. 좋은
   결과를 기대하게 될 것이다.
3. 겉으로는 일이 잘돼도 몸만 바쁘고 실익은 아직 없다. 취업준비생은
   남들이 부러워하는 곳이지만 본인은 하기 싫은 일 쪽으로 취업의
   가능성이 있다.

LOVE

1. 연인의 겉치례에 어쩔 수 없이 응대해야 한다. 사랑한다면 어제 열 번
   들은 유머를 들어도 오늘 웃을 줄 알아야 한다. 심드렁한 표정은 상대를
   불안하게 만들 뿐이다.
2. 일과 자금 때문에 머릿속은 복잡한데 연인은 자꾸 놀아달라고 조른다.
   억지로 노는 만큼 흥겹지 않다.
3. 웃어라, 웃는 것이 최고이다. 이래도 힘들고 저래도 힘들다면 웃는 것은
   위로가 된다. 연인이 철이 없으니 내 형편을 알 리가 없다. 단지 웃으면서
   즐기는 내 속만 새까매질 뿐이다.

TWO OF PENTACLES.

MONEY

1. 금전운의 방심, 유흥비 등의 지출이 많다. 쓰고 싶지 않은 돈을 쓰는
   것처럼 자꾸 꼬인다. 만남과 모임의 수를 줄여라.
2. 약게 그리고 이기적으로 행동해야만 자신의 돈을 지킬 수 있다. 내키지
   않는 유흥비가 자꾸 지출될 수 있다. 주의를 기울여야 한다.
3. 인사치례로 나가는 돈이 많다. 아깝지만 할 수 없는 일이니 적당히
   지출하는 게 좋다.

WORK

1. 사람은 가면이 좋아야 한다. 그동안 짜증이 났어도 참고 있던 일들이
   수위가 높아져 가면을 벗고 한소리하게 된다. 어떤 일이어도 귀찮지만
   참고 해내는 것이 중요하다. 기왕 참는 것 조금 더 참는 것이 이롭다.
   취업준비생은 다음 기회를 기다려라
2. 직장 내에서 어려움이 생긴다. 자신의 능력 이상으로 무거운 일이
   내려오지만 피할 길이 없다. 조용히 지나가기를 기다려야 한다.
3. 새로운 일을 시작하는 데에 문제가 생기게 된다. 생각지도 못한 일이
   난항을 겪게 한다. 천천히 대응하면 해결할 수 있는 일이다.

LOVE

1. 상대로 인해 하고 싶지 않은 일들을 하게 된다. 웃고 싶지 않아도 웃어야
   하는 상황이 온다. 이런 상황을 길게 끌면 나중엔 정말 후회할지도
   모른다. 잘 생각해야 한다. 싫은 건 싫다고 이야기 하는 게 좋을 것이다.
2. 원하지 않는 상대와의 데이트, 미팅은 실패하고 기대했던 만남이
   어긋난다. 맞선도 실패할 듯하다. 주의! 기대를 너무 크게 갖지 말 것.
3. 이리저리 끌려 다니며 피곤하게 된다. 피곤해도 웃으며 만날 수밖에 없게
   된다.

THREE OF PENTACLES.

MONEY

1. 사소한 동정심의 지출이 있다. 기부금 같은 예의상, 체면상 또는 이익이 없는 곳에 지출이 많이 생긴다. 그러므로 적당히 지출할 수 있게 생각을 많이 해둬야 한다. 금전운은 좋고 안정적이다.
2. 적금이나 투자에 관심이 생긴다. 작은 기부를 해야 할 일도 생긴다. 축의금이 새어 나간다. 그러나 금전운이 좋은 때이니 투자한 것은 나중에 이익을 가져온다.
3. 좋은 수익이 생긴다. 안전한 곳에 투자하니 돈도 들어올 것이고, 뿌려놓은 돈도 회수되니 잔고가 늘어날 것이다.

WORK

1. 승진운 등 직장 내에서 명예운이 높아진다. 개인사업자라면 경쟁업체보다 유리한 입장에 놓이게 된다. 취업준비생은 세일즈 계통이면 유리하다.
2. 일에 관해 상당한 호평을 받을 수 있다. 자신 있게 도전하고 꼼꼼하게 처리하라. 취업준비생은 자신의 전공을 살려라.
3. 장사, 세일즈, 무역 등에 종사하고 있다면 이익을 볼 수 있다. 좋은 운이 상승된다. 다른 직종이라면 조금 좋아지는 정도이다.

LOVE

1. 당신은 가권을 쥘 만큼, 연애에서 우선권을 쥐게 된다. 이제부터 리더십을 발휘하라. 잘난 척만 하면 관계를 잃게 된다.
2. 삼각관계로 고민한 연인이었다면 이제야 결론을 얻게 될 것이다. 무리하지 않고 기다려주는 것이 자신에게 이로운 것이다.
3. 오래된 친구가 연인으로 발전한다. 이성으로 보이지 않던 사람이 이성으로 보이게 된다. 좋은 관계로 발전하게 될 것이다.

MONEY

1. 경조사비로 나가는 돈이 많아질 것이다. 조금은 준비해야 한다. 조금 투자해 놓은 곳은 이익보다 시세가 약해져 오히려 적은 손해를 본다.
2. 돈 문제로 스트레스 받을 일이 생기니 너무 시야를 좁히지 말고 편안하게 생각하며 상황을 받아들이는 것이 좋다. 큰 금액은 아니지만 쓰고 싶지 않은 곳에 지출이 생긴다.
3. 사업자는 자금 운영에 문제가 생긴다. 회사원에게는 잠시 프로젝트들이 정체되거나 일이 잘못되어 골치 썩는 일이 생긴다.

WORK

1. 계획했던 일이 자금난에 빠지니 주의해야 한다. 영업실적은 줄어드니 차라리 내근이 좋다. 사업자는 자금 운용에 신경 쓰고 자영업자는 잠시 자금을 묶어야 하며 주식은 조금 떨어진다.
2. 동료들 간에 이기심으로 분란이 생긴다. 당신은 아무것도 말하지 말고 듣지 말고 눈을 감는 것이 좋다. 때로는 그렇게 어부지리를 얻는 것이 현명한 것이다.
3. 자금이 문제가 된다. 새로운 아이디어도 나오지 않는다. 그런 와중에 독점하려는 성향이 강해 스트레스만 가중된다. 취업준비생은 급여가 자신에게 맞지 않는다.

LOVE

1. 연인에게 선물을 준비하는 것도 뜻대로 되지 않는다. 이상하게 연애운이 꼬이니 약속을 많이 잡지 말고 선물도 말을 돌려서 상대가 무엇을 원하는지 알고 하는 것이 낫다.
2. 이별수를 주의하고 연인과 함께 그 친구들이나 가족을 만나지 않는 것이 좋다. 특별한 일 없이 다투게 된다.
3. 연인에게 돈 문제가 생길 수 있다. 또는 여기저기 친한 이성 때문에 연인과의 관계가 상할 수도 있다.

FOUR OF PENTACLES.

MONEY

1. 매점매석 투자의 운. 적절한 곳에 적절한 투자가 이루어진다. 남을
   대신해서 돈 빌리는 일은 금물.
2. 당신에게 금전운이 돌아온다. 빌려준 돈과 투자한 돈의 회수가 쉬워진다.
   그러나 돈을 쓰는데 인색한 당신은 주변의 원성을 들을 수 있다.
3. 확실하게 이익이 늘어난다. 단지 당신의 인색함에 사람들이 고개를
   내저을지도 모른다. 적당히 베푸는 법도 배워야 한다.

WORK

1. 금전을 우선시로 하는 거래와 이익을 우선시하는 매출이 이루어진다.
   그러나 동료 간에 당신은 구두쇠로 불릴 수 있다.
2. 자신의 일만 하고 자신의 것만 잘 관리하면 아주 좋은 때가 된다. 하지만
   자신의 성과를 남에게 빼앗기지 않도록 항상 긴장하고 지켜봐야 한다.
3. 자신의 것을 완벽하게 해내는 것에 집중해야 한다. 곧 자신에게 이익이
   찾아온다. 취업준비생은 회사의 규모보다 급여가 많은 곳을 선택하게
   된다.

LOVE

1. 이상적인 연인에서 현실적인 연인으로 발전한다. 결혼이나 미래에 대한
   계획을 현실적으로 세워야 한다.
2. 연인끼리 이기심을 부리면 어쩌자는 이야기인가? 연애는 줄다리기가
   아니라 서로 위해주는 것이다. 왜? 사랑하는 사람을 서로 위하는 것보다
   자신에게 맞추려는 것부터 하는가?
3. 자신만 생각하는 이기적인 태도는 조금 고쳐야 한다. 서로 배려하는
   마음을 가지는 것이 좋다.

MONEY

1. 모아둔 돈이 흘러나가게 되니 속 쓰리게 된다. 오랫동안 연락 없던 친구의 전화를 주의해라. 거의 돈 문제로 전화가 온다. 지키고 못 지키고는 자신의 몫이다.
2. 꾸준한 이익을 귀찮아하고 큰 이익을 바라면 그 돈은 돌아오지 못할 것이다. 돈의 낭비가 예상되는 운이다.
3. 돈을 많이 지출하게 된다. 정신없이 막다 보니 생각보다 쓸데없이 지출이 늘어난 것이다. 차근차근 생각해서 절약할 수 있는 방법을 사용하라.

WORK

1. 눈앞의 이익만 쫓게 되면 나중에 후회할 일들이 생긴다. 짧은 이익 쪽으로 프로젝트를 진행하다 보면 오히려 낭비만 일어난다. 취업준비생은 월급이 많고 불안정한 회사 쪽에 지원하게 된다.
2. 동료 간에 이기주의로 마음 상할 일이 생긴다. 업무나 이익 등에서 서로 이해심이 부족하여 다툴 일이 생기기도 한다. 거래처와는 마지막 가격 조절이 힘들어진다. 그냥 시간 지나가기를 기다리는 것이 낫다.
3. 때로는 과감하게 밀어붙일 일을 자금 때문에 소심하게 밀어붙였다가 추가 자금을 대야 하는 불상사가 생기는 것이다. 자금을 절약하는 것은 정확한 계산과 행동에 따라 생기는 것이지 무조건 쪼인다고 해결되는 것은 아니다.

LOVE

1. 결혼을 약속했다면 어쩌면 깨질 수도 있으니 주의해야 한다. 사소한 문제로 관계에 금이 가기 시작한다. 두 사람의 이상을 현실로 만드는 게 쉬운 일은 아니다.
2. 연인 간에 돈을 쓰는 게 부담이 간다. 선물이나 데이트 비용 등이 이제 부담으로 작용하기도 한다. 그래도 자린고비 소리 듣는 게 좋을 리는 없다. 극단적인 비용지출은 미래에 스스로를 옭아맨다.
3. 극단적인 말과 극단적인 행동을 주의하라, 지금은 상대의 말을 듣고 기다릴 때이지 자신이 판단해서 행동할 때가 아니다.

FIVE OF PENTACLES.

MONEY

1. 소득은 많은데 남는 돈이 없다. 사방이 나갈 곳이니 마음만 어지럽다.
   차라리 속 편하게 쓰는 것이 낫지만 다음 달을 대비해서 쌈짓돈은
   묶어두어야 한다.
2. 돈 때문에 가까운 사람과 다툰다. 지출할 수 있는 돈은 한계가 있는데
   이것저것 챙기다 보니 지출이 넘어선다. 그러다 보니 이래저래 다툴 일만
   생긴다.
3. '궁핍해진다' 라는 말을 실감한다. 묶인 돈 때문에 쓸 돈이 없는 상황이
   계속 닥친다. 참아 넘기는 수 밖에 없다.

WORK

1. 꼼꼼히 업무를 살펴라. 자신의 실수가 여러 사람을 힘들게 할 수 있다.
   그로 인해 궁핍해지기도 한다.
2. 정당한 일에 이익이 남지 않는다. 무엇이 잘못되었는지 확인하며 가야
   한다. 동업자가 금전 상황이 좋지 않다.
3. 지금은 긴축재정으로 버텨야 한다. 영업사원의 실적은 잘 오르지 않고
   취업준비생 역시 임금이 낮은 곳만 가능하다.

LOVE

1. 막상 뭘 하려고 하면 문제가 생긴다. 경제적인 문제가 두 사람 사이에
   장애물이 된다. 선물을 하려 해도 마땅한 것이 없다. 그냥 지나가는 것이
   좋다.
2. 헤어지는 연인, 가난한 연인, 유대관계에 금이 간다. 어쩌면 연인의 길에
   금이 가기 시작한다.
3. 가난한 연인이란 말은 돈이 가난할 수도 있지만 마음이 가난하다는
   이야기이다. 이상하게 현실적인 얘기만 나오면 '내 연애는 이렇게
   가난할까?' 라는 생각이 든다. 차라리 현실에 눈을 돌리지 말라. 마음만
   아프다.

MONEY

1. 궁핍했던 날로부터 벗어나게 된다. 이제야 곤란한 문제들을 도와줄 인연이 나타난다. 그러나 방심하지 말고 철저히 계획해서 자금을 운영해야 한다. 금전이 많이 들어온 사람은 자금이 동이 날 수도 있다.
2. 빡빡한 자금스케줄이 이제 조금씩 풀려나간다. 필요한 만큼만 들어오니 큰 기대는 하지 말고 급한 상황만 수습하는 것이 좋다.
3. 이제 서서히 금전운에서 제 몫을 찾는다. 아직 안심할 단계는 아니지만 포기한 돈들이 다시 움직이니 희망이 있다. 이런 기회가 생긴다면 놓치지 말고 빨리 챙겨야 한다.

WORK

1. 같이 일하는 사람과 트러블이 생기기 시작한다. 비록 사소한 트러블이라 생각이 들어도 화해하고 넘어가라. 놔두면 상대가 트러블을 키워 자신이 불편하게 된다.
2. 예전의 나쁜 상황이 다시 되풀이된다. 징크스처럼 다가오는 난관을 잘 극복하라. 한 번 겪은 일은 어렵지만 극복할 수 있는 일이다.
3. 자금부족이나 힘들게 진행해왔던 일들이 이제 숨통이 트인다. 포기하지 않고 끌어왔다면 안심하고 일할 수 있다. 투자자를 구했던 일이라면 새로운 투자자를 만날 것이다.

LOVE

1. 그동안 척박했던 연애운이 이제야 조금씩 형편이 나아지기 시작한다. 연인이 곤란한 상황에 빠져 있다면 비로소 힘을 낼 수 있다. 서로 간에 많은 의지를 해야 한다.
2. 남들에게 드러내기 힘든 연애에 변화가 온다. 비밀연애라기보다는 남들에게 무슨 소릴 들을까 걱정되던 연애에서 변화가 일어난다.
3. 연애를 포기하는 심정이었다면 어느 정도 관계가 회복될 것이다. 서로의 진심을 확인하고 계속 함께 갈 것인지 이쯤에서 헤어질 것인지를 결정하는 것이 좋다.

SIX OF PENTACLES.

MONEY

1. 남에게 돈 빌려줄 일이 많다. 마음이 약해서 한없이 돈이 나갈 수 있다.
   너무 많이 빌려주지 않도록 스스로를 잘 다스려야 한다.
2. 소액투자 등의 운은 좋으니 작게 투자하고 작게 이익을 보는 것이 좋다.
   빌려준 돈은 말하면 돌아온다.
3. 가진 돈을 적절히 분배할 수 있다. 자금의 여력이 불안해도 생각보다
   정리하고 나면 여유도 있고 편안해진다. 항상 침착하게 지출하면 여유
   자금이 남는다.

WORK

1. 실질적인 이익이 있을 운. 승진도 좋은 자리를 차지하게 된다. 팀의
   프로젝트도 좋은 여건이 조성된다. 취업준비생에겐 기쁜 소식이 있을
   운이다.
2. 직장에서 작은 친절은 동료들 사이에서 좋은 운을 만들어 내기도 한다.
   의외의 선물이나 승진 등의 기쁨이 생길 수 있다.
3. 직장의 이동, 부서이동, 회사의 이사 등 변동이 많은 시기이다. 이럴 땐
   줄을 잘 서는 것이 좋다. 자신이 하고 싶은 것보다 자신이 안전하게 잘
   해내는 것을 선택하라.

LOVE

1. 분수에 맞는 선물과 적당한 유흥은 연인과 좋은 감정을 쌓게 만든다.
   돈으로 이성을 유혹하지 말라. 때늦은 후회만 하게 될 뿐이다.
2. 연애도 조율이다. 적절한 감정과 적절한 스킨십이 이루어질 때 그 연애는
   깊어져 가는 것이다. 그것이 밸런스를 이루지 못했을 때 불만은 나타나게
   된다. 적절한 조율만 가능하다면 연애는 최고조를 달리게 된다.
3. 연인에게 시간분배를 잘해야 한다. 일과 연애에 무게를 재지 말고 양쪽 다
   균등하게 조절해야 문제가 생기지 않는다. 그렇지 않으면 연인의 불평이
   많을 것이다.

MONEY

1. 대출금 정리에 세세히 신경을 써야 한다. 여러 가지 관공서 비용에 펑크가 날 수도 있다. 카드 사용이 예상보다 넘었을 수도 있다. 불공평한 분배 때문에 사람을 잃는다.
2. 불공평한 분배에 화가 난다. 빚이 있다면 독촉에 시달린다. 독촉 받을 상대에게 미리 양해를 구하는 것이 좋다.
3. 타인을 속이려 하면 잠시의 이익밖에 취하지 못한다. 진정한 장사란 무엇인가를 생각해야 한다. 취업준비생은 자신의 경력을 과장하지 말라. 오히려 역효과가 나게 될 것이다.

WORK

1. 너무 주위를 의식하다 보니 거꾸로 되어버린다. 피해가 가지 않게 조심했더니 '이기주의자' 소리를 듣게 된다. 서로 간에 다양한 대화를 나누는 게 좋다. 거래처나 동료와 오해가 없도록 하는 게 좋다.
2. 일한 만큼 급여가 지급되지 않아서 짜증이 생긴다. 이런저런 핑계로 미루니 할 말은 없지만 프리랜서들에겐 불리한 시기이다. 취업준비생은 사기취업과 취업 시에 보증금이 필요한 일들은 하지 않는 것이 좋다.
3. 적절하지 않은 분배에 노하지 말아야 한다. 일이건 돈이건 지금은 조용히 지낼 때이니 만큼 겉으로 싫은 티를 내지 말라. 거래처에서 받을 돈들이 묶여 반밖에 돌아오지 않는다.

LOVE

1. 연애운은 좋지만 너무 자존심을 세우거나 너무 고집을 피우지 말고 타협해 나가야 한다. 또, 감정적인 면에 신경 쓰는 것도 좋지만 현실적인 면에도 신경을 써야 한다. 솔로는 기회가 있으니 도전해볼 만하다.
2. 연인과 트러블의 요인은 밸런스의 문제이다. 상대는 내가 해준 것을 부족하게 받아들이고 나는 해준 것을 충분하다 생각하는 차이와 같다. 연인이 불평이 많으니 조금은 잔소리를 듣고 살아야 한다.
3. 연인 간에 질투심이 극대화된다. 남의 커플을 부러워하는 마음이 크니 탐욕으로 인한 불행이 암시된다. 둘만의 여행을 다녀오는 것이 좋다.

SEVEN OF PENTACLES.

MONEY

1. 걱정 많고 힘들었던 투자가 마침내 이익을 보여준다. 돈을 주고받는 것에
   이익이 있다. 금전운이 오르고 있으니 웬만한 것은 해결을 보는 것이 좋다.
2. 금전운이 좋아진다. 늘어나는 자금, 적금, 이럴 때일수록 지출을 줄이고
   노력을 게을리하지 말아야 한다.
3. 어렵게 지켜왔던 적금이나 곗돈 또는 타인에게 빌려준 돈이 이제 내
   손으로 들어온다. 그로 인해 자신의 재력은 조금 더 성장하게 되는
   운이다.

WORK

1. 거래처와의 미뤄오던 일이 성사된다. 노력에 따른 진보가 이루어지는
   것이다. 명예운이 강한 운세. 취업준비생은 월급은 적지만 명예에 좋은
   일을 하게 될 수도 있다.
2. 그동안 해왔던 일들이 수확기에 들어섰다. 모든 일에 이익이 있고 이제
   어떤 방식으로, 어떻게 거두어들일지 고민하면 된다.
3. 해야 할 일들을 순서대로 잘 처리하면 많은 이익이 있다. 그동안 일구어
   놓은 일들에서 이익이 나타나거나 준비해 놓은 일들에 결실이 생긴다.

LOVE

1. 두 사람의 관계가 한 걸음 진전된다. 이쯤에선 용기를 내어 상대와 관계를
   진전시키는 것이 좋다. 솔로는 대상을 정했다면 가벼운 인사부터 전하는
   게 좋다.
2. 둘이서 앞으로의 문제에 대해 의논해야 할 일들이 생긴다. 결혼을 앞두고
   상의하듯 두 사람의 미래에 대한 방향을 확실히 이야기해 보는 것이
   이롭다.
3. 연인의 가족과 친구를 만나는 것에 좋은 운이다. 연인과 함께 결혼자금에
   대한 이야기를 나누기에도 좋다. 함께 있어도 과소비보다 실용적인
   이벤트와 소비를 하게 된다.

MONEY

1. 성급하게 결정한 일이 불안함을 만들어 낸다. 돈을 잃어버리거나 엉뚱한 곳에 투자하여 손실을 초래한다. 가만히 있는 것이 좋다.
2. 자금에 여유보다 지출할 곳이 더 많다. 갈등은 혼자 감당해야 하니 돈을 놓고 고민에 빠진다. 무엇보다 작은 곳을 여러 곳 막는 것이 큰 곳 한 군데를 막는 것보다 낫다.
3. 지출할 것을 미리 예상하고 준비했는데도 또 지출이 오버될 지경이다. 자금이 부족하지만 그렇다고 더 추가자금은 어려우니 지금 있는 것을 조금 줄여서 상황을 헤쳐 나가는 것이 낫다.

WORK

1. 길을 닦아 놓으니 뭐가 먼저 지나간다고 당신이 쌓아놓은 공을 남이 가로챈다. 정신을 바짝 차리고 끝까지 자신의 임무에서 벗어나지 말라. 그런 일을 당하면 잠 못 드는 건 당신뿐이다.
2. 성급한 결정과 경솔한 행동은 당신의 직업에 나쁜 사건을 일으키게 된다. 심호흡하고 주변을 돌아보라. 늦었다고 생각할 때가 다시 돌이킬 수 있을 때이다.
3. 지금은 움직일 때가 아니어서 모든 일에 정체가 시작된다. 직장이나 사업체가 움직이기엔 외부 상황이 이롭지 못하다.

LOVE

1. 연인에게 선물하거나 이벤트로 인해 돈이 많이 들어가는 것을 주의하라! 가랑비에 옷 젖는다. 꼭 해주고 싶은 것 한 가지만 하는 것이 좋다.
2. 당신의 경솔한 발언이나 행동으로 연인이 불안해지게 된다. 깊이 생각한 후에 행동하고 이야기를 나누는 것이 좋다. 중요한 일에도 농담을 던지면 관계는 악화된다.
3. 성급하고 불안한 행동으로 인해 연인은 실망을 느끼게 된다. 연애에 불안함이 찾아오나 이 운은 일시적인 것에 해당하니 심각해지진 않을 것이다.

EIGHT OF PENTACLES.

MONEY

1. 개인적인 노력 끝에 얻게 되는 이익, 우연히 들어오는 돈이 아니라 그동안 준비했던 것에 대한 보답으로 이익이 발생한다. 투잡을 원했다면 가능해질 것이다. 금전운은 노력한 만큼 커지기 시작한다.
2. 적금의 만기나 곗돈을 타는 것과 같은, 그동안 꾸준히 모아온 것에 이익이 따르게 된다. 당신이 스스로 노력해서 모은 돈이니 쓰기보다는 지키기를 잘해야 한다.
3. 금전운이 이제야 풀리기 시작한다. 오히려 힘들었던 때를 벗어나 더욱 분발할 수 있는 시기가 된다. 이럴 때 저축하고 긴장해야 한다. 작은 성공을 이루는 시기.

WORK

1. 기능 계통의 사람들에게는 원활한 시기가 예상된다. 머리만 쓰는 직업군은 아무래도 난조가 일어난다.
2. 꾸준하게 일하는 직종은 이익이 크다. 그러나 일시적인 일이라면 소득이 적다. 큰 돈을 바라고 허황된 일을 하면 소득이 줄고 작은 돈이라도 꾸준히 하는 사람은 이익을 얻게 된다. 취업준비생은 이제야 취직의 소식을 듣게 된다.
3. 그동안 천천히 쌓아올렸던 것들이 이제야 빛을 보게 된다. 하지만 지금도 계속 쌓아올려야 함이 피곤해질 뿐이다.

LOVE

1. 겸손한 자세로 상대에 대해 노력해온 것이 결말을 맺을 때이다. 진심을 다해 고백하면 성과가 있을 듯.
2. 연인끼리 무언가 함께해야 할 일이 있다. 미래를 위한 적금이라든지 차를 함께 산다든지 무언가 함께해 나가는 기쁨이 있다.
3. 연인을 섬세하게 챙겨라. 솔로는 상대방이 원하는 것이 무엇인지 깊이 생각해서 적극적인 대시를 할 때이다. 겸손한 자세로 조금씩 다가가면 당신에게 새로운 인연이 생기고, 좋은 소식, 좋은 감정을 얻을 수 있다.

MONEY

1. 작은 돈이 꾸준히 흘러나가니 마음이 불안해진다. 주변의 부탁이 많고 친한 인맥이라 거절하기 힘들다. 차라리 없는 티내고 다니는 것이 상책이다. 아쉬운 소리를 먼저 해라.
2. 다 된 밥을 시누이가 몽땅 먹으니 배고픈 건 둘째 치고 억울해서 눈물 난다. 열심히 모아둔 자금을 거절하기 힘든 사람이 가져갈 수 있으니 주의할 것! 그러나 가진 티를 안내면 조용히 지나간다.
3. 모아놓은 자금이 새어나간다. 자금 관리에 힘쓰고 웬만한 일로는 적금을 해약하지 말아야 한다. 당신이 적금을 타든, 계를 타든 어느 누구에게도 자랑하는 것은 금물이다.

WORK

1. 그동안 기대하고 꾸준히 해온 일이 거꾸로 불안해지니 마음이 심란하다. 자꾸 손해가 나는 것 같은 불안함이다. 성과가 나지 않을 때는 잠시 쉬어가야 한다.
2. 자꾸 회사를 그만두고 싶어진다. 그동안 쌓아놓은 경력에 문제가 되니 웬만하면 조금만 더 참는 것이 어떨까? 자신의 공을 남이 가로채지 않도록 주의하고 거래처 관리에 정신을 바짝 차려야 한다.
3. 자만하지 말라. 자신의 우월감은 타인에게 시샘만 일으킬 뿐이다. 기쁜 일이 있어도 감추고 조용히 지나가야 그 기쁜 일이 내 것이 된다. 거래처 또는 상사에게 아부할 일이 자꾸만 생긴다.

LOVE

1. 자존심이 아닌 자만심이 넘치면 상대에게 불쾌함만 줄 뿐이다. 항상 상대에게 자신의 모습을 과장하려 하지 말라.
2. 연인의 가족이나 친구를 소개 받기로 했다면 피하고 다음 기회에 만나는 것이 좋다. 연인의 주변 사람들을 피하고 만나지 말라.
3. 연인의 지인들로부터 구설이 분분해진다. 연인의 친구조차도 당신에 대해 좋은 평가를 하지 않고 엉뚱한 소리들만 늘어놓는다.

MONEY

1. 돈 들어올 곳이 많아지니 필요하다면 빌리기에도 좋은 운이다. 단지 말랐던 자금이 들어오니 자꾸 유흥비 지출이 늘어난다. 주의할 것!
2. 투자 손실도 메워질 때가 찾아오니 팔건 팔고 남길 건 남겨야 한다. 일반적으로 금전에 이익은 있지만 약간 헤프게 쓰는 경향도 있다.
3. 자금에 여력이 생긴다. 하지만 감정적인 지출을 조심해야 한다. 그동안 마음을 졸였다면 안심하고 지낼 수 있다.

WORK

1. 거래처 간 수금 및 실적 등이 올라간다. 망설이지 말고 이익이 있는 곳에 매진하라. 좋은 결과를 얻게 된다. 취업준비생은 금융 계통이면 안전하다.
2. 신중하게 투자하거나 협력자를 구하면 성취가 있을 것이다. 프로젝트나 새로운 일을 독자적으로 하는 것보다 함께하는 길을 모색하라.
3. 업무에 성취가 많다. 금전적인 이익도 포함되니 보너스운도 있는 것이다. 만족하는 시기가 된다.

LOVE

1. 연애의 성취. 대시하라. 그러면 얻을 것이다. 처음부터 애인으로 대시하지 말고 친구부터 한 걸음씩 시작하라.
2. 연인끼리의 유흥에 빠질 가능성이 있다. 맛집이나, 고급레스토랑을 즐기는 데이트는 적당히 해야 한다. 즐거운 만큼 비용지출도 만만치 않다.
3. 연인의 가족을 만나야 한다면 만나는 것이 좋다. 연인의 마음과 연인의 주변 사람들의 마음이 당신에게 열려 있으니 이런 기회를 이용하라.

(R) reverse

MONEY

1. 금전 문제에 자물쇠를 채워라. 금전 문제로 친구 사이가 벌어질 수 있다. 인간관계에 주의할 것!
2. 지출할 수 있는 한도를 분명하게 정해서 써야 한다. 되도록 신용카드는 사용하지 않는 것이 좋다.
3. 부정한 돈에 손대지 말라. 아무도 모를 것 같아도 전부 드러난다. 계 등 여러 사람과 연결된 금전 거래는 하지 않는 것이 좋다. 지금은 괜찮아도 큰 일이 벌어질 수 있다.

WORK

1. 거래처를 타사에서 낚아챈다. 확실하다고 남들에게 떠들고 다니면 그로 인해 거래처를 놓친다. 매장이나 가게에 좀도둑이 든다. 주의하라! 내 것을 남들에게 빼앗기는 운이 찾아왔다.
2. 거래처와의 계약에 주의하라! 사기꾼이 도사리고 있다. 큰 이익을 기대하고 덤비면 상당한 손해를 볼 수 있다.
3. 화려한 계획은 잠시 미뤄두는 것이 좋다. 지금은 자금의 지출만 있지 수익은 적으니 자금난에 빠질 수 있다. 그러므로 지출이 많이 되는 일들은 뒤로, 지금 해결해야 할 힘든 일들을 우선으로 처리하라.

LOVE

1. 한동안 즐거웠던 날은 가고 이제 서로 약간의 스트레스가 발생하기 시작한다. '이건 아닌데…….' 라는 생각이 지배하게 된다. 하지만 그것은 실제 일어나기보다 '당신의 생각에서만 일어난 일' 이니 입 밖에 내지 않으면 아무 일도 없다.
2. 꽃뱀과 제비족을 조심하라. 밤에 만나는 이는 나에게 사랑이 아닌 엉뚱한 것만 바랄 뿐이다. 솔로는 유흥업소 출입을 자제하는 것이 좋다.
3. 연인의 친구나 가족과 함께 만나는 자리를 피하라. 소득은 없고 낯만 붉어진다. 연인으로 인한 이벤트에 목돈이 쓸려나간다.

TEN OF PENTACLES.

MONEY

1. 금전운이 안정되어 있다. 혹은 유산과 관련된 이익이나 부모로부터
   큰돈을 받게 될 수도 있다. 그러나 너무 그것만 기대하지는 말 것!
2. 금전운이 최고조에 달했으니 유흥만 빼고 즐겨라. 유흥이나 사람들과
   만나는 데 지출이 늘어난다. 하지만 그만큼 자금에 여유도 있다.
3. 자금에 여유가 생기고 생각지 못한 이익이 있다. 사람들과 어울려
   지출되는 것들만 조율한다면 이익이 많다.

WORK

1. 여러 사람과 이익을 추진하니 이롭다. 그동안 해왔던 일들이 결말에
   다다르니 이제야 이익을 쥘 수 있게 된다. 동업을 했다면 금전 계산을
   철저히 해야 한다.
2. 여럿이 함께하는 프로젝트나 동업 등에서 좋은 성과가 생긴다. 적당한
   이익으로 서로가 기쁘니 밀어붙일 일들을 많이 해결하라. 일에 결과가
   있으니 모두가 기쁘다. 취업준비생은 취업이 된다.
3. 거래처와의 미팅에서부터 교섭 등 사람을 만나 일을 진행하는 것에
   이롭다. 업무상 이익도 많고 동료들 간의 화합도 잘되니 회식 참석을
   게을리하지 말라.

LOVE

1. 연인과 생겼던 문제에 해결책이 보이기 시작한다. 갇혀 있는 듯이 알 수
   없고 답답했던 연애 문제가 풀려나가니 원한다면 한 걸음씩 천천히 다시
   다가가는 것이 좋다.
2. 아주 오랜 연인을 재회하게 된다. 또는 연인에게 숨겨야 할 새로운 인연이
   생긴다. 마음 단속 잘할 것!
3. 과거의 연인이 돌아온다. 길을 가다 우연히 첫사랑을 만날 수도 있다.
   헤어진 연인으로부터 갑자기 소식이 오기도 한다. 또는 어렸을 때의 이성
   친구와 연락이 닿는다. 동창회 등에 나가보라. 즐거운 인연을 만날 수 있다.

MONEY

1. 많은 돈이 들어오고 많은 돈이 빠져나간다. 이런 경우를 '돈 정거장' 이라고 한다. 이 운에 들었으면 그냥 마음을 편히 하면 즐겁기라도 하다.
2. 수입보다 지출이 과도하게 넘어서게 된다. 일일이 다 돈으로 해결해야 하니 손해가 심하다. 주의하고 꼭 필요한 부분에만 지출하도록 해야 한다. 인정에 이끌려 봐야 나중에 도움 되지 않는다.
3. 유흥과 도박 등으로 인해 돈을 날리기도 한다. 낭비를 경계하는 것이 좋다.

WORK

1. 수익과 이익을 문제로 팀원 또는 거래처와의 긴밀한 관계가 분열된다. 업무상 화합이 잘되지 않으니 회의를 피하고 단독으로 일을 진행하며 다음 기회가 오길 기다려야 한다. 취업준비생은 경쟁이 많거나 임금 문제가 있어 취업이 어려우니 다음을 기다려라.
2. 접대가 많고 사람을 만나는 일이 늘어나는 시기이다. 알찬 사람과 껍데기인 사람을 구분할 줄 알아야 한다.
3. 직장 동료들 또는 거래처 등과 잦은 모임에 말 못하는 스트레스만 늘어간다. 업무를 도와줄 사람은 없고 오히려 일만 늘어나니 사람이 싫어진다. 이 시기만 참으면 된다.

LOVE

1. 세상에서 가장 어두운 곳은 태양의 그림자 속이다. 연애는 이제 그 어둠에 들어서게 된다. 헤어질 것인지 친구관계라도 유지하다 다시 시작할 것인지 본인이 판단해야 한다.
2. 연인의 가족을 존중하라. 가족관계에서 문제가 발생할 수 있다. 이제 연인에서 부부가 되어야 하는 과도기에 접어들어서 그럴 수도 있다.
3. 당신의 뒤에서 욕하는 사람이 누군지부터 확인해야 할 것이다. 사소한 것에서 시작해 크게 오해를 받게 될 가능성이 있다.

PAGE OF PENTACLES.

MONEY

1. 곧 좋은 소식이 들어온다. 금전운이 강해지면서 준비해 놓은 일이 있는
   사람들은 이익을 보게 된다. 준비한 것이 없는 사람들은 평범한 금전운.
2. 서툴지만 용기 있는 도전이 금전운을 끌어올린다. 작게 그리고 신중하게
   투자하거나 재테크를 해보는 게 좋다.
3. 준비된 자금으로 투자할 곳을 고민한다. 그러나 아직 때가 무르익지
   않았다. 새로운 아이디어를 찾아라. 그러나 투기는 불리하다.

WORK

1. 이직을 원한다면, 그리고 그동안 옮길 회사를 정했다면 이직하는 것도
   좋은 방법이다. 취업준비생은 조건보다 자신의 적성을 먼저 선택하라.
2. 직장 내에서 성실한 모습으로 활동하라. 다가오는 기회를 잡을 수 있다.
   스스로 새로운 일을 찾고 있다면 이때가 적기이다.
3. 직장 내의 인간관계가 새로운 구조로 만들어진다. 취업준비생은 단기나
   임시직으로 취업이 될 가능성이 높다.

LOVE

1. 두 사람 사이에 새로운 아이디어가 필요하다. 같은 연애, 같은 데이트
   이제 서로에게 지루한 시기가 찾아온 것이다. 혼자만의 생각보다는
   상의하여 새로운 이벤트를 마련해 보라.
2. 연인에게 좋은 소식이 있다. 어떤 방향에서 올지는 모른다. 둘만의 새로운
   이벤트를 즐기는 것이 좋다. 솔로는 고백했던 상대에게 늦은 회답이 올 수
   있다.
3. 연인의 가족과 만날 일이 생긴다. 이럴 때 자연스럽게 점수를 따는 것에
   목숨을 걸어보는 것도 좋다. 결과는 좋다. 단지 지갑이 비어갈 뿐이다.

MONEY

1. 낭비와 실수, 투자한 것에 손실이 일어난다. 어설픈 리더십 때문에 돈이 나간다. 회식자리에 돈이 나가거나 유흥비의 지출이 심해진다.
2. 돈에 관련되어 나쁜 소식이 다가온다. 낭비와 무절제한 지출이 예상된다. 절제하라!
3. 비현실적인 사업계획에 투자하지 말라. 곧 손실로 이어진다. 금전운이 이유 없이 불안정해진다.

WORK

1. 비현실적인 계획은 상당히 위험한 것이다. 주의하고 경계하라! 그로 인해 아랫사람들에게 질책을 받을 수 있다.
2. 회사원에게는 프로젝트들이 잠시 정체되거나 일이 잘못되어 골치 썩는 일이 생긴다. 취업준비생은 취업은 되도 급여를 못 받거나 너무 적다.
3. 아이디어를 낭비하게 된다. 타인이 내 생각을 베낀다고 볼 수도 있다. 현실감이 떨어지고 있다.

LOVE

1. 어설픈 시도로 인해 서툰 패배로 끝난다. 관심 있던 대상에 대한 시도는 다음 기회에 하라. 기존의 연인과는 금전적인 문제로 작은 다툼이 있다. 어설픈 선물은 안 하느니만 못하다.
2. 너무나 비현실적인 연애를 하고 있지 않은지. 짧은 만남으로 생각하고 거짓말로 둘러댄 것이 시간이 길어져 이제 하나씩 드러나게 될 수도 있다.
3. 오해를 풀지 않고 서로 자기의 의견만 주장한다. 둘 사이에 남을 것은 무엇인가? 어쩌면 너무 오래 사귄 것이 문제일 수 있다.

KNIGHT OF PENTACLES.

MONEY

1. 인내심 있게 꾸준히 연구하고 판단한 곳에 투자하라. 이익이 따르게 된다.
   돈에 대한 책임감이 강해지는 시기이다. 소소한 이익이 따르게 된다.
2. 투자금이 돌아온다. 또는 부족해서 타인에게 원조를 부탁했다면 그
   역시 원활하게 될 것이다. 모든 것은 자신의 책임이다. 자신이 한 만큼
   돌아온다는 것은 움직이지 않은 사람은 돌아올 것이 없다.
3. 빌려준 돈의 회수나 현재 가지고 있는 돈의 사용은 절제 있게 사용하게
   된다. 본인의 금전 컨트롤이 좋아질 때다. 한탕주의에 말려들지 말 것.

WORK

1. 당신의 일처리 능력을 인정받게 된다. 취업준비생도 취업이 될 수 있다.
   그동안 많은 고민과 걱정을 했다면 이제 한숨 쉬며 성취감을 느낄 수 있게
   된다.
2. 조직 내에서 자신이 마무리 지어야 할 일들이 많다. 그리고 그 일들을
   순탄하게 정리하게 될 것이다. 귀찮아도 거절하지 말고 받아들이면 나중에
   좋은 일로 변해서 돌아오게 된다.
3. 새로운 투자와 새로운 프로젝트로 긴장하게 되고 희망을 품게 된다.
   자신이 하려고 하는 일과 자신을 신뢰해야 한다. 일단 출발하면 책임은
   자신이 지어야 한다.

LOVE

1. 연인과 여행을 하게 되든지 서로 선물을 주고받게 되는 운이다. 이
   주간에는 데이트로 인한 비용지출이 많지만 그래도 즐거운 한때가 된다.
   소개팅을 나가면 마음에 드는 이성을 만난다.
2. 연인과 감정이 점점 깊어간다. 서로 어려울 때 의지하게 되니 두 사람의
   관계는 원숙해진다. 이는 곧 결혼상대로 발전할 가능성이 높다는 이야기다.
3. 인내심과 책임감이 연인에게 좋은 감정을 만들어 낸다. 항상 배려하고
   침착하게 행동하라. 솔로는 상대에게 자꾸 자신을 어필해야 한다.

MONEY

1. 자금이 부족하고 재정이 비었으니 모든 돈의 지출을 적당히 마무리하고
   현재의 형편에 맞추어 움직여야 한다. 마음에 맞춰서 지출하기엔 능력이
   부족하다.
2. 돈을 묶어두고 함부로 운영하지 말아야 한다. 방향성을 잃은 채
   망설이기만 하는 금전운이므로 함부로 움직이면 손해만 있을 뿐이다.
3. 기회가 다가오는 것 같지만 주의해야 한다. 하나는 가짜, 하나는 진짜.
   당신의 금전운은 그에 따른 기복이 생긴다.

WORK

1. 자금부족으로 신규업무가 더뎌진다. 또는 거래 직전에 상대방과 만나기
   힘들어서 거래가 무산되기도 한다. 대외적인 업무보다 내부적인 업무에
   힘써야 한다. 취업준비생은 다음 기회에 진행하는 것이 좋다.
2. 자금에 따라 진행될 일들은 조금 미뤄둬야 한다. 수익이 업무량에 따르지
   못하니 마음이 어지럽고 힘들다. 취업준비생은 급여가 맞지 않아 일을
   하기 힘들다. 전에 다니던 회사에서 받을 돈은 미뤄진다.
3. 자금의 흐름이 멈춘다. 지금은 때가 아닌 것이지 일이 실패한 것은 아니다.
   신념을 지키고 지나가기만을 기다리면 된다.

LOVE

1. 원하는 상대의 관심을 얻기 위해 별의별 일을 다 할 수도 있다(아니면
   상대가 나에게 그렇게 하든지). 그러나 겉으로 일어나는 일만 보면서 믿지
   말라. 오랜 기간 사귀면서 실망하게 된다.
2. 연인과 사소한 문제로 다투게 된다. 서로 고집이 강하고 다른 길을 볼 줄
   모르니 서로 서운하고 마음만 아프다. 깊은 이야기는 피하라.
3. 연인으로 인해 지출이 늘어나니 정신 사납다. 얼굴은 웃지만 카드
   결제일만 생각하면 가슴이 답답하다. 연인이 가족이나 친구를
   소개시켜준다면 일단 다음으로 미뤄라. 밥 사주고 흉 듣는다.

QUEEN OF PENTACLES.

MONEY

1. 금전운이 강해지고 있다. 돈을 빌려야 한다면 빌릴 수 있고 돌려받고
   싶다면 이때 이야기 하라. 작든 크든 금전적인 운이 좋은 때이다.
2. 금전운이 많이 좋아진다. 이리저리 받기로 한 돈이나 보너스나 우연한
   돈까지 기대해볼 만하다. 그러나 들어온 돈으로 사치하거나 유흥비로
   써버리면 후회만 남게 된다. 지출할 때는 좀 더 생각하고 하라.
3. 여러 가지 갈등은 있었지만 금전적인 성취운이 들어왔다. 작게라도
   성취하니 집중해서 공략하는 것이 좋다.

WORK

1. 안전하고 편안한 시절이 찾아왔다. 사업에는 번영하는 기운이 가득하다.
   그러나 과다한 확장은 금물이다.
2. 이제야 직장이나 사업체가 안정적인 궤도에 오르기 시작한다. 본인의
   업무능력도 이와 비슷해진다.
3. 직장운이 안정에 이르러 최고조에 달했다. 이럴 때 맡은 바 일을 다하고
   거래처와 즐겁게 상담하면 좋은 성과와 승진 등의 기쁨이 생긴다.

LOVE

1. 연인 간에 관대해지고 편안해지고 연애운은 안정되고 좋은 상태이다.
2. 남자는 여자의 고집에 휩쓸려 다니는 운이지만 나름 그것도 재미있는
   때이다. 소개팅에서는 의외로 좋은 상대가 나타나게 된다.
3. 임신을 고민하고 있다면 임신일 가능성이 높다. 그것이 아니라면 미래를
   설계해야 하는 갈림길에서 고민하고 있는 것이다. 서로의 상황을 잘
   살펴보면 문제의 해결점을 찾을 수 있다.

MONEY

1. 지출은 늘어나고 수입은 고정되니 은근히 속이 타게 된다. 지출을 하기
   싫으면 약속을 잡지 않으면 된다.
2. 타인에게 돈을 빌려주는 것 역시 자제해야 한다. 친구 간에는 돌려받지
   못해도 서운하지 않을 만큼만 빌려주는 게 낫다.
3. 수입보다 지출이 넘어서니 금전관리에 신경을 많이 써야 한다. 체면치레에
   너무 기울이면 손해가 막심하게 된다. 적당히 사람을 만나는 것도
   중요하다.

WORK

1. 거래처의 대금 결제, 사업체에서 급여 등이 미루어진다. 업무적인 금전이
   나쁘니 자금 운영에 대비하라.
2. 겉으로는 번창하나 속으로는 적자가 나고 있다. 자신이 관리의 고삐를
   늦춘 탓이다. 또는 실패할 것을 두려워하여 안전한 것을 찾은 결과이다.
3. 판매를 해도 수금이 되지 않는다. 거래를 해도 수금에 대한 걱정이
   일어나니 달리 방도가 없다. 기다리는 것이 좋다. 취업준비생은 회사는
   마음에 들어도 월급이 마음에 들지 않는다.

LOVE

1. 연인의 가족과 친구들을 만나는 것은 회피해야 한다. 그런 일을 한다면
   반드시 말이 꼬여 다투게 된다. 또는 연인으로 인해 지출이 늘어나니
   심란해진다.
2. 솔로는 거절 받을까봐 고백하지 못하는 연애운이다. 친구는 될 수 있으나
   애인이 되지 못하는 지루한 기간. 차라리 그냥 지나보내야 한다.
3. 서로가 서로에게 거짓을 말하고 믿으라 한다. 항상 마음 아픈 일뿐이다.
   의심을 그만하라고 해도 그만할 수 없게 된다.

KING OF PENTACLES.

MONEY

1. 경험에 의한 투자는 좋은 결과를 낳는다. 금전운이 좋아질 징조가 보이면 바로 투자를 시작해도 좋다.
2. 이제야 막힌 금전이 돌기 시작한다. 이제까지 힘든 일들이 하나씩 풀려나갈 것이다. 금전적인 도움을 받고 싶다면 남자에게 받아라.
3. 자금에 수익이 있고 금전적인 여유가 생기는 때이다. 비정규적인 부수입도 나타날 수 있는 때이다. 들어오는 돈이 많고 나가는 돈이 적으니 안심해도 좋을 때이다.

WORK

1. 자신의 능력이 최대한 발휘되는 때이다. 직장이든 사업이든 많은 사람들과 만나고 이끌게 될 것이다. 새로 하는 사업이든 계속하던 일이든 이익을 볼 수 있다.
2. 곧 일이 시작되어 그 일로 인해 큰 이익이 생긴다. 하는 일은 희망을 품고 좀 더 공들여 일하라. 그 실적이 자신의 것이 된다.
3. 진행하는 일들은 잘 진행되며, 자금 유입에 곤란을 겪고 있던 일들도 진행할 수 있다. 상사와 마음이 잘 맞아 일을 하기 편해진다. 취업준비생은 취업이 된다.

LOVE

1. 개성 있고 리더십 있는 사람이 연인이라면 이제 결혼을 생각해 봐도 좋을 것이다. 서로 믿음직한 상대로 인식되기 때문에 고백의 타이밍이다. 지금의 연인은 미래를 위한 좋은 파트너가 될 것이다.
2. 결혼에 대해 진지하게 생각해 보아야 할 때이다. 앞으로 평생 반려자로 선택해야 할지 말아야 할지 지금은 두 사람이 속내를 이야기해야 할 타이밍이다.
3. 연인에게 믿음을 주고 싶은 시기. 그러나 전체적으로 어렵기 때문에 만나는 시간을 많이 낼 수는 없다. 초조해하지 말고 상대와 자신을 믿으면 자연스럽게 둘의 관계는 좋아질 것이다. 무엇이든 억지로 하지 않는 것이 좋다.

MONEY

1. 금전운이 타락을 향해 달린다. 첫 번째로 유흥비의 지출을 이야기한다. 두 번째는 비겁한 수익을 이야기한다. 어느 것이든 좋지 않다. 깊이 생각하고 사용하는 것이 좋다.
2. 돈에 대한 욕심이 과해지면 그로 인한 후폭풍이 다가오게 된다. 만족을 모르고 집착하면 그로 인한 폐해가 오게 된다.
3. 돈에 있어서 이기심은 어느 정도만 부려야 한다. 과도하게 돈 문제로 사람들과 문제를 일으키면 인심을 잃게 된다. 주의해야 한다. 사람은 돈을 주고 살 수 없다!

WORK

1. 급여나 보너스 문제로 직장에 실망하기 쉽다. 또는 동종업계의 대우가 다르니 자신의 능력이 '이 정도 대우밖에 못 받나' 싶다. 하지만 지금은 모두 그렇다는 것을 명심해야 한다. 자존심이 상할 땐 친구들과 스트레스를 풀고 털어내는 것이 이롭다.
2. 자신의 목표를 위해 남을 짓밟지 말라. 그 악덕은 자신에게 돌아온다. 자신이 하는 일에 피해보는 사람이 있는지를 살펴라. 취업준비생은 경쟁이 심하다고 하여 주변에 거짓소문을 퍼트리는 등 부당한 행위를 주의하라!
3. 선점할 시기를 놓쳤다면 포기하라. 여러 가지 문제가 생기게 된다. 기술이 부족하니 너절한 문제들부터 정리하라.

LOVE

1. 문제가 있었다면 해결되지 않아 이제는 악화되어 가고 있다. 같은 말의 '아' 와 '어' 가 다름을 알아야 한다. 내가 이런 의도의 말을 해도 상대방은 다른 의도로 해석하기 때문이다. 엇나가기 시작하니 주의해야 한다.
2. 연인 앞에서 쓸데없는 자존심 싸움은 하지 말라. 양보는 원래부터 있는 사람이 하는 것이다. 당신이 연인보다 우월하다는 것을 느끼고 싶다면 당신부터 양보해야 한다.
3. 연인에게 나쁜 소식이 있으니 연인이 찾아와 힘들어 하면 감싸주는 것이 좋다. 금전적으로 힘들지만 당신에게 자신의 처지를 이야기하지는 않을 것이다.

타로카드 바이블 책소개에서 저자강연을 동영상으로 보실 수 있습니다.

www.npplus.co.kr

타로카드 바이블 책소개에서 저자강연을 동영상으로 보실 수 있습니다.